解码中国之治

贯彻新发展理念实践案例精选

（第2辑）

中国国际发展知识中心　编著

中国发展出版社
CHINA DEVELOPMENT PRESS

图书在版编目（CIP）数据

解码中国之治：贯彻新发展理念实践案例精选. 第2辑 / 中国国际发展知识中心编著. -- 北京：中国发展出版社，2024. 12. -- ISBN 978-7-5177-1479-8

Ⅰ. D616

中国国家版本馆 CIP 数据核字第 202548TM06 号

书　　名：解码中国之治：贯彻新发展理念实践案例精选（第2辑）
著作责任者：中国国际发展知识中心
责 任 编 辑：王海燕
出 版 发 行：中国发展出版社
联 系 地 址：北京经济技术开发区荣华中路22号亦城财富中心1号楼8层（100176）
标 准 书 号：ISBN 978-7-5177-1479-8
经　销　者：各地新华书店
印　刷　者：北京博海升彩色印刷有限公司
开　　本：710mm × 1000mm　1/16
印　　张：11
字　　数：150千字
版　　次：2024 年 12 月第 1 版
印　　次：2024 年 12 月第 1 次印刷
定　　价：88.00元

联 系 电 话：（010）68990635　68990625
购 书 热 线：（010）68990682　68990686
网 络 订 购：http://zgfzcbs.tmall.com
网 购 电 话：（010）88333349　68990639
本 社 网 址：http://www.develpress.com
电 子 邮 件：187182397@qq.com

中国国际发展知识中心
“贯彻新发展理念实践案例”课题组

课 题 负 责 人　王金照

课题执行负责人　张　瑾

课 题 协 调 人　龙海波

课题组主要成员（按姓氏笔画排序）

王雅洁　龙海波　朱清逸　刘常瑜

关宝珠　李苍舒　张　瑾　胡登胜

钟　声　梁晓敏　董丹丹

序 言
Preface

党的二十大报告强调，贯彻新发展理念是新时代我国发展壮大的必由之路。这一重要论断深刻揭示了党的十八大以来党和国家事业取得历史性成就、发生历史性变革的“发展密码”，指明了谱写全面建设社会主义现代化国家崭新篇章的实现路径。因此，必须完整、准确、全面贯彻新发展理念，坚持社会主义市场经济改革方向，坚持高水平对外开放，加快构建以国内大循环为主体、国内国际双循环相互促进的新发展格局。

为阐释习近平新时代中国特色社会主义思想，展现以习近平同志为核心的党中央团结带领全党全国各族人民在推动党和国家事业发展战略全局中积累的宝贵经验，同各国一道研究和交流适合各自国情的发展理论和发展实践，中国国际发展知识中心自2021年起开展“从中国实践看习近平新时代中国特色社会主义思想”案例研究，为分享发展知识、相互借鉴比较提供鲜活案例。

本书收录的9个案例聚焦国际社会关注的热点问题，涉及城市数字化转型、政策性金融创新、共同富裕、“一带一路”项目建设标准、航运经济、行业碳达峰碳中和、韧性卫生体系建设等，是贯彻新发展理念、推动高质量发展的最新实践成果。每个案例都通过“小切口”深挖掘，从时代背景、发展历程、主要做法、经验启示与思考四个方面进行阐述，以更好理解贯彻新发展理念必然要求构建新发展格局，深刻把握其中蕴含的科学指引和工作方法。主要有以下几点启示。

第一，城市高质量发展与乡村全面振兴缺一不可但各有侧重。要借助数字变革机遇加快推动超大城市精细化管理，倒逼城市治理理念和发展模式创新。同时，在脱贫攻坚与乡村振兴有效衔接过程中不断发展壮大新型集体经济，以促进共同富裕为目标推动共享发展，始终将党建引领贯穿于市（县）域治理现代化全过程。

第二，高水平对外开放更加注重新的比较优势和竞争优势。要推动基础设施互联互通从一般规则标准向环境、社会和治理（ESG）系统对接，不断培育高质量共建“一带一路”新竞争优势。要着力提升以深圳为代表的沿海开放地区在全球资源配置、综合枢纽打造、区域协同联动等方面的发展能级，进一步提升航运经济国际竞争力。

第三，追求绿色健康已成为人民群众对美好生活的新期待。要从全生命周期角度引领产业绿色低碳转型，进一步明确碳减排的重点环节和各生产工序的重点任务，通过转变传统生产生活方式推动食物系统温室气体排放强度下降，逐步实现食品行业碳中和。

第四，构建更具韧性的卫生体系以保障人民生命权和健康权。要从新冠疫情中进一步反思卫生和治理体系，突出应对大规模突发疫情的资源整合和创新能力，以更好保护社会弱势群体。

第五，制度和机制创新能够带来变革性重塑，引领高质量发展。无论是基于科技领域自身的制度创新，还是全面从严治党的机制创新，都必须坚持创造性转化、创新性发展。科技特派员制度在我国不同发展阶段以不同形式不断演进，焕发出无限生机活力。中央八项规定是一体推进“不敢腐、不能腐、不想腐”体制机制建设的重要手段，也是国家治理体系和治理能力现代化的助推器。

我们将这些案例汇编成册，期待能为有关部委、地方政府和企业完整、准确、全面贯彻新发展理念提供参考借鉴，也为对外交流中国发展理念和经验、促进国际发展合作贡献一份力量。

目 录
Contents

数字化助力超大城市精细化管理…………………………………… 1
一、时代背景 2
二、发展历程 5
三、主要做法 10
四、经验启示与思考 15

从脱贫攻坚到乡村振兴看政策性金融创新………………………… 19
一、时代背景 20
二、发展历程 24
三、主要做法 29
四、经验启示与思考 32

新型集体经济促进农村共同富裕…………………………………… 37
一、时代背景 38
二、发展历程 39
三、主要做法 44
四、经验启示与思考 53

"一带一路"项目建设规则融入国际标准 …………………… 58
一、时代背景 59
二、发展历程 61
三、主要做法 62
四、经验启示与思考 71

高水平开放下打造航运经济新高地……………………………… 78
一、时代背景 79
二、发展历程 81
三、主要做法 84
四、经验启示与思考 89

积极探索食品行业推动碳中和新路径………………………… 93
一、时代背景 94
二、发展历程 95
三、主要做法 99
四、经验启示与思考 104

构建具有韧性的卫生体系…………………………………… 108
一、时代背景 109
二、发展历程 110
三、主要做法 114
四、经验启示与思考 121

制度创新试点历久弥新…………………………………… 126
一、时代背景 127
二、发展历程 130
三、主要做法 134
四、经验启示与思考 142

作风“小切口”推动发展大变革……………………………… 145
一、时代背景 146
二、发展历程 148
三、主要做法 153
四、经验启示与思考 156

编写说明………………………………………………………… 162

数字化助力超大城市精细化管理*

——“有机生命体”的上海城市数字化转型实践

【摘　要】2020年3月，习近平总书记在武汉考察时指出，城市是生命体、有机体，要敬畏城市、善待城市，树立“全周期管理”意识，努力探索超大城市现代化治理新路子[①]；在杭州城市大脑运营指挥中心考察时进一步指出，从数字化到智能化再到智慧化，让城市更聪明一些、更智慧一些，是推动城市治理体系和治理能力现代化的必由之路，前景广阔[②]。随着城市体量和能级不断拓展，城市运行复杂性日趋增加。在长期实践过程中，精细化管理逐渐成为超大城市治理现代化的普遍共识。数字时代下，数字化转型既有助于增强超大城市内外数据的关联互通，通过嵌入城市“有机生命体”基本单元，能够不断提高超大城市管理的精细化水平，与此同时，还能够倒逼超大城市治理理念和模式创新，基于数字化构建调适性公共政策新框架。上海城市数字化转

---

* 此案例部分内容已在《发展研究》2023年第4期刊发，原标题为《数字化视角下城市精细化管理发展路径探析——基于上海超大城市“有机生命体”调研》。

① 习近平：《在湖北省考察新冠肺炎疫情防控工作时的讲话》，《求是》2020年第7期。

②《习近平在浙江考察时强调：统筹推进疫情防控和经济社会发展工作 奋力实现今年经济社会发展目标任务》，《人民日报》2020年4月2日。

型大致经历了从建设全球“信息港”城市到创建面向未来的智慧城市，再到建设具有世界影响力的“国际数字之都”三个阶段，实现了从硬件布局提升到最小单位应用集成的超大城市数字治理跃迁。近年来，上海统筹推进城市经济、生活、治理全面数字化转型，以激发数据活力为牵引拓展精细化管理应用场景，着力构筑具有“七可”能力的城市数字化转型新底座。相较于其他超大城市，上海精细化管理体现在依托“一网通办”“一网统管”融合创新的发展优势，进一步丰富了复杂场域下城市数治场景的应用，推动整体性转变、全方位赋能、变革性重塑。从数字化发展趋势看，未来超大城市精细化管理更加注重专业、卓越和韧性，要充分激发参与各方的主动性、创造性，加快构建安全可信的数字治理框架，建立健全“数字民情”沟通协作平台。

【关键词】超大城市　精细化管理　数字化转型　有机生命体

一、时代背景

超大城市管理是世界级难题，每个城市都有各自的市情。随着城市体量能级不断拓展，城市运行的复杂性日趋增加，在长期实践过程中，精细化管理逐渐成为超大城市治理现代化的普遍共识。目前，全国各地城市都在积极运用现代科技手段实现智能化的技术之路和治理变革融合促进。数字化转型就是要将技术手段优势转化为城市发展优势，将数字技术运用与政府治理工具创新相结合，更好地促进城市运行的整体性、智能化和全周期管理。

根据我国对城市规模定义的标准[①]，目前我国共有7个超大城市，其中上海、北京、深圳、重庆城区人口都已超过1600万人。如果加上市域范围内的全部常住人口，上海、北京、重庆、广州、深圳等已超过或接近2000万人，位居全球城市人口排名前列[②]。然而，城市不仅是人口聚集的地理区域，也是各种生产要素集聚的社会空间，特别是数字时代下人员往来、物流集散、资金流动、信息交互形成的海量数据，极大提升了市场要素资源配置效率，但同时也产生诸多安全隐患和治理困境。确保城市健康、顺畅、高效运转，需要以数字化转型整体驱动生产方式、生活方式和治理方式变革，积极构建城市各单元各司其职、各尽其责、协同联动的"有机生命体"，努力实现从物理空间城市向有机生命系统城市转变。

一方面，数字化转型有助于增强超大城市内外数据的关联互通。进入数字时代，城市逐渐成为一个由各种即时数据流所构建的网络空间与实体物理空间相互融合的复杂形态，推动新一代信息技术和城市基础设施建设深度融合，旨在构建城市数字孪生系统。从目前的城市信息化发展水平看，国内大多数城市正处于

---

① 根据2014年发布的《国务院关于调整城市规模划分标准的通知》，明确城区常住人口1000万人以上的城市为超大城市。国家统计局发布的《经济社会发展统计图表：第七次全国人口普查超大、特大城市人口基本情况》显示，截至2020年11月1日，中国超大城市有上海、北京、深圳、重庆、广州、成都、天津7个城市。

② 2021年联合国发布的《世界城镇化展望》报告显示，全球常住人口排名前五位的城市分别是：日本东京（泛指广义的东京都市圈，3750万人）、印度新德里（2850万人）、中国上海（2560万人）、巴西圣保罗（2170万人）、墨西哥墨西哥城（2160万人）。

“城市智慧化”阶段，着力从政务服务、城市治理、生活服务三大领域以应用场景为单位进行整体架构建设，最终实现应用场景范围内的信息资源整合和业务协同优化。在城市运行过程中，需要在人、物、信息、时间高效运转产生的海量数据中采集和提取有效信息，并以深度加工计算结果对城市进行动态感知。可以说，利用高质量的大数据资源以及云计算、区块链、人工智能等技术为实现精准而有效治理提供了有力支撑，但这些必须是建立在数据安全可信前提下的跨部门、跨行业数据融合。嵌入城市“有机生命体”基本单元，能够不断提高超大城市管理的精细化水平。例如，北京数字孪生城市、杭州城市大脑、深圳城市数字大脑等已在城市管理和服务中得到广泛应用。

另一方面，数字化转型有助于倒逼超大城市治理理念和模式创新。数字工具对于提高城市治理精准度发挥了重要作用，但这并不意味着城市就是一个数据集合体，数字化背后有其治理边界和适用范围。数字时代下仍然需要发挥多元社会力量作用，只不过是采取管理部件、管理事件和管理制度标准化方式精准刻画城市图像，通过完善的基础设施、先进的信息网络，以及人性化的机制设计，做到对管理对象和数据要素精准把控，确保数据信息安全。对于超大城市精细化管理而言，就是要形成经济、生活、治理“三位一体”城市数体，基于数字化构建调适性公共政策新框架，以实现政策内容的稳健调适、执行过程的连贯衔接、决策体系的配套协同、反馈系统的及时准确。从实践应用看，主要以上海、深圳、成都为代表。上海是国内首个明确提出城市数字化转型概念的超大城市，在数字治理方面以“一网统管”“一网通办”为核心，强调“两网融合”。深圳以“数字经济先行区”为品牌，在数字经济应用场景领域位居全国前列。成都正在推进数字“公园城市”建设，在提升公民的社会生活品质方面特色明显。由此可见，不同的应用模式创新都离不开技术驱动和数据作为关键生产要素所发挥的作用。

二、发展历程

从最早提出建设全球“信息港”城市，到创建面向未来的智慧城市，再到打造具有世界影响力的“国际数字之都”，作为超大城市精细化管理的典范，上海数字化转型发展的每个阶段都与特定阶段的历史使命高度相关，是伴随全球信息化、数字化发展而不断演进的，大致经历了三个阶段。

（一）建设全球“信息港”城市

上海城市数字化转型最早可追溯到20世纪90年代，从建设“信息高速公路”开始，这也是伴随当年美国实施“国家信息基础设施”高科技计划应运而生的。1992年，上海开始组织编制新一轮上海城市总体规划，开展了一系列专题研究、征询意见和专家论证，提出上海未来要从远程通信港（Teleport）走向信息港（Infoport），最终归纳为“三港两路”，即现代化的深水港、航空港、信息港和高速化的铁路及公路。

1994年，时任上海市委书记黄菊明确指示，把上海建成以信息资源网络化为主体的国际信息港，进一步增强上海中心城市综合服务功能和辐射功能。提出花15年左右，在2010年率先建成地区性"信息高速公路"。1996年5月，上海市政府制订了信息化行动计划，下发《关于把上海建成现代化国际信息港的实施意见》，成立市信息港领导小组及其办公室。同年7月，市政府召开全市信息港建设大会，上海国际信息港工程正式启动。

（二）创建面向未来的智慧城市

上海以建设卓越的全球城市为战略目标，于2010年正式提出"创建面向未来的智慧城市"战略。这是在上海成功举办世博会后将"城市，让生活更美好"的理念根植于城市发展战略的直接体现，也是基于前期"信息高速公路"的应用智慧化实践探索，先后经历了三轮城市智慧化三年行动。

第一轮行动侧重于重点应用智慧化探索。2011年9月，正式启动《上海市推进智慧城市建设2011—2013年行动计划》，也被称为上海智慧城市建设的第一轮三年行动计划，主要从基础网络、重点应用、信息技术产业、信息安全四个方面设定目标。经过三年实践探索，四个方面的目标基本实现。基础网络方面，实现了"5个全国第一"[①]，宽带城市和无线城市基本建成。信息感知

① 指的是光纤覆盖和用户规模全国第一、无线覆盖和用户规模全国第一、城域网出口带宽全国第一、下一代广播电视网（NGB）覆盖和高清电视用户数全国第一、三网融合试点用户规模全国第一。

与智能应用方面，数字惠民、智慧城管、两化融合和电子政务四大领域初步实现重点应用的智慧化覆盖。新一代信息技术产业方面，高端基础软件产业取得快速发展，云服务示范和物联网试点应用进展顺利。截至 2013 年底，上海新兴产业总规模达到 1.09 万亿元，信息服务业增加值占全市 GDP 比重达到 6.4%。信息安全领域，安全防护水平与综合保障能力显著提升，城市信息安全态势总体可控。首轮三年行动计划对政务服务、城市治理、生活服务、两化融合方面的重点应用场景信息感知和智能应用开展了初步探索。

第二轮行动侧重于应用体系智慧化建设。2014 年 12 月，正式启动《上海市推进智慧城市建设行动计划（2014—2016）》，这一计划也被称为上海城市智慧化建设的新一轮三年行动计划，重点目标是构建便捷高效的信息感知和智能应用体系，同时保持下一代信息基础设施服务能级、下一代信息技术产业创新发展能力、网络安全综合保障能力均处于稳步提升状态。其中，信息感知和智能应用体系范围涉及生活服务（医疗、教育、交通、养老等）、智慧经济（新技术、新产业、新模式、新业态）、智慧城管（网格化管理）、智慧社区、智慧村庄、智慧商圈、智慧园区、智慧新城等方面。经过三年实践探索，已初步构建覆盖范围较广的依托信息感知和智能应用的便民服务体系，有效推进城市治理精细化发展。与此同时，进一步深化了政务智慧化应用，打造了城市区域性智慧化体系，一批园区、社区、乡镇等基层智慧化试点项目取得成效。与经济转型升级相匹配的智慧经济体系逐步建立。基础设施、数据资源、新一代信息技术产业化、信息安全保障等城市智慧化支撑体系也得到了进一步完善。第二轮三年行动计划旨在大力推进城市管理和服务各领域的信息感知和智能应用建设，把城市智慧化应用体系建设作为头等大事。

第三轮行动侧重于综合应用智慧化推进。2016年9月，正式发布《上海市推进智慧城市建设“十三五”规划》，对2016—2020年的城市智慧化建设进行全面规划。规划提出，要进一步完善以便捷化的智慧生活、高端化的智慧经济、精细化的智慧治理、协同化的智慧政务为重点，以新一代信息基础设施、信息资源开发利用、信息技术产业、网络安全保障为支撑的智慧城市体系框架，并初步建成以泛在化、融合化、智敏化为特征的智慧城市。2018年3月，上海市委、市政府印发《全面推进“一网通办”加快建设智慧政府工作方案》，提出政务服务“一网通办”总门户建设任务，创设聚焦数据整合和应用的上海市大数据中心，为“一网通办”和智慧政府建设提供支撑，实现“高效办成一件事”[①]。2020年4月，上海市通过了《上海市城市运行“一网统管”建设三年行动计划》，设立城市运行管理中心并投入运作，统筹推进上海城市运行管理和应急处置系统建设，推动城市治理向智慧化、精细化迈进，实现“一屏观天下、一网管全城”，实现“高效处置一件事”。上海城市智慧化建设以新一代信息基础设施为支撑，重点聚焦高水平生活服务、经济发展、城市治理和政务服务四个方面。

---

① 截至2020年底，“一网通办”接入事项达到2341个，其中超过80%具备全程网办能力，累计办件量超过6000万；移动端“随申办”平均月活跃用户数超1000万。联合国将上海“一网通办”经验作为经典案例写入《2020联合国电子政务调查报告》。

（三）建设具有世界影响力的“国际数字之都”

2020 年 2 月，上海市《关于进一步加快智慧城市建设的若干意见》正式出台，提出 2020—2022 年城市智慧化的基本战略目标是建成聚焦数据汇聚共享、系统集成共用、应用生态开放的“城市大脑”，继续推进政务服务“一网通办”、城市运行“一网统管”建设，强化数字经济建设，优化新一代信息基础设施布局，这是对前期“十三五”规划的强化和深化。2020 年 12 月，上海市委、市政府印发《关于全面推进上海城市数字化转型的意见》，首次提出“国际数字之都”愿景，即到 2025 年，上海全面推进城市数字化转型取得显著成效，“国际数字之都”建设形成基本框架；到 2035 年，成为具有世界影响力的“国际数字之都”。进入数字化转型新阶段，更加注重整体性转变，推动“经济、生活、治理”全面数字化转型；推动全方位赋能，构建数据驱动的数字城市基本框架；实现革命性重塑，引导全社会共建共治共享数字城市。

2022 年，上海市第十二次党代会明确提出，要以城市数字化转型为重要动力，全面深化“五个中心”建设，大力发展“五型经济”，持续提升城市能级和核心竞争力。上海将成为以世界级数字流通节点城市为目标，以数字技术赋能经济、生活与治理的数字生态城市。目前，已在数字基建、数字制造、数字农业、数字医疗、数字金融、数字出行、数字教育等十大领域开展了数字化转型应用场景示范推广。

三、主要做法

习近平总书记在上海考察时强调，一流城市要有一流治理，要注重在科学化、精细化、智能化上下功夫[①]。上海经过十多年在数字化领域的沉淀迭代，正朝着建设具有世界影响力的国际数字之都迈进。相较于其他超大城市，上海精细化管理体现在依托“一网通办”“一网统管”融合发展，推动整体性转变、全方位赋能、变革性重塑。

（一）统筹推进城市经济、生活、治理全面数字化转型

上海人口众多、流动性强、承载能力大，具有复杂系统的特征，城市建设、运行、治理各方面情形交织、错综复杂，只有强化系统集成、整体提升，当经济数字化形成新供给、生活数字化满足新需求、治理数字化优化新环境，才能立足“城市是生命体、有机体”的发展全局。

经济数字化转型关键在于做优做强城市核心功能，形成数字经济的竞争新优势。比如，作为首批在线新经济特色产业园、数字化转型示范区，静安区市北功能区依托上海市大数据中心区位优势，大力发展“区块链 + 大数据”底层技术，持续提升数据产业发展规模，实现了从制造业企业重要集聚区、总部经济现代服

①《习近平：坚定改革开放再出发信心和决心 加快提升城市能级和核心竞争力》，《人民日报》2018 年 11 月 8 日。

务区，向“数智市北”示范区转型，园区大数据企业数量占全市的近 1/3。

生活数字化转型聚焦数字化公共服务供给，培育数字生活服务新生态。一方面，将数字化服务纳入基本公共服务，通过市场参与加快构建数字商圈平台、社区智慧物流网络、新能源设施终端等生活“新基建”。另一方面，充分考虑老年人、残疾人等群体“数字鸿沟”问题，强化针对数字化弱势群体的技能培训，在 2021 年上海市为民办实事项目中就包括开展 100 万人次长者智能技术运用能力提升行动。

治理数字化转型旨在推动“两张网”融合发展，构建超大城市“数治”新范式。“一网通办”聚焦政务服务，截至 2023 年底，已上线全程网办事项超 3000 项，线下设有 200 多个服务网点，不断完善“15 分钟政务服务圈”。“高效办成一件事”作为近年来“一网通办”改革的制度性安排，通过大力推进跨部门、跨层级业务流程再造，已基本实现高频事项全覆盖。“一网统管”坚持“一屏观天下、一网管全城”，依托分布在全市的上亿个智能物联终端，支撑超过 70 个部门 / 单位、200 多个系统、1200 多个应用。作为城市运行综合管理先行者，浦东建设“一网统管”不是简单地将分散的管理模块集中到一个平台，而是对各部门数据资源和管理力量进行深度整合，形成统一的数据资源中转库。在此基础上，围绕平台场景建设，积极推动各专业部门立足管理职能，梳理管理要素、查找风险隐患，形成标准化监管清单，最终以数据共享保障大数据应用、多部门联动提升精细化管理效能。

（二）以激发数据活力为牵引，拓展精细化管理应用场景

上海始终处在全球城市价值链顶端，不断强化全球资源配置、科技创新策源、高端产业引领和开放枢纽门户“四大功能”，持续深化国际经济、金融、贸易、航运和科技创新“五个中心”建设，城市节点功能愈加重要，由此产生的海量数据、广阔市场空间释放了巨大发展潜力。从某种程度上讲，上海城市精细化管理与数据活力密切相关。只有实现公共数据和行业数据的共享开放、有序流通，才能形成高质量的城市数体，在模糊性和不可知性的城市治理中寻找“泛在联系”。

公共数据开放催生了一批精细化管理新场景，成为上海推进城市数字化转型新赛道。通过设立公共数据开放平台，汇聚发布基于政府数据资源开发的应用程序等增值服务，深入赋能经济、生活、治理各领域城市数字化转型。与此同时，连续举办四届开放数据创新应用大赛，针对超大城市精细化管理开展“揭榜挂帅”，旨在为开放数据的价值实现打造标杆示范，共吸引 2700 多支创新创业团队参加，产出创新产品 2250 个，为城市数字化转型提供了新方向、新产品、新模式，推动形成数字时代下共建共治共享新格局。

行业数据开放深化了智慧城市场景应用，相关制度设计更好助力公共数据与行业数据融合。近两年来，上海先后发布《上海市数据条例》、设立上海数据交易所、组建上海数据集团、成立上海市数商协会，系列组合拳进一步夯实城市数字化转型的数据安全可信底座，并明确各自分工边界和功能定位。比如，在城市

数字体征建设中，需要汇聚航运交通、信息通信、能源、物流、金融、互联网等行业数据，开展多维数据建模关联分析，建设综合态势数字驾驶舱，辅助科学决策，这些都离不开政府与市场的作用，促进精细化管理由经验判断向数据分析、由被动处置向主动发现转变。

（三）着力构筑具有“七可”能力的城市数字化转型新底座

上海已实现中心城区和郊区城镇化地区5G网络全覆盖，建设30余种智能传感终端近60万个，重点工程建设项目应用建筑信息模型（BIM）技术的比例达93%，在此基础上建立了市、区、街镇三级城运中心。可以说，数字孪生城市从概念培育期加速步入建设实施期，上海通过研制实施一批能用、管用、好用的数字化转型标准，一盘棋、一体化推进数字生态重塑，进而提升城市可视化、可验证、可诊断、可预测、可学习、可决策、可交互的“七可”能力，为城市精细化管理提供有力抓手。

完善城市数字化转型标准，推动各部门实施城市空间、城市部件、城市运行动态的数字化。上海城市数字化转型标准体系包含通用基础、数据基座、支撑能力、数字信任、数字安全等基础标准以及场景应用标准、评价改进标准。近年来，重点围绕公共数据质量、公共数据安全、空间地理数据治理、数据要素流通、“随申办”等领域开展标准规范研制，通过规范数据标准、接口规范、调用规则，实现跨部门、跨行业的系统平台数据对接。

据初步检索，上海市数据标准化委员会已发布包括《公共数据共享交换工作规范 第1部分：平台建设和运行管理要求》《公共数据“三清单”管理规范》在内的10项地方标准和17项地方标准化指导性技术文件数据要素标准汇编，指导建立公共数据安全分级和运营机制。

聚焦城市最小空间单元，推动城市决策“一张图”、城市治理“一盘棋”。如果说数据标准是城市数字化转型底座的连接规则，那么城市空间单元就是遵从连接规则实施城市精细化管理的最小颗粒度。据不完全统计，上海有480万栋建筑物、4.75万幢高层建筑、24万台电梯[①]，这些都是城市运行管理中的最小单元。通过“数字体征”建设，更好聚集城市“人、物、动、态”要素，强化“物联、数联、智联”底座能力，打破最小城市空间单元与政府之间的信息壁垒，加速城市体征数据汇聚，增强对各类风险的精慧预知、精准监管、精确响应能力，进一步提升城市精细化管理的穿透性。

总体来看，上海城市数字化转型既注重经济、生活、治理统筹推进，又强调以数据开放赋能应用新场景，关键还在于有强大的数据底座支撑，超大城市精细化管理实践走在了全国前列，数字赋能已成为上海现代化发展的鲜明特征之一。《中国城市数字竞争力指数报告（2023）》显示，上海以89.17分的总得分排名第一，与北京、深圳、广州、重庆、杭州共同组成数字化转

① 2021年2月25日，上海市人民政府办公厅副主任、上海市城市运行管理中心常务副主任徐惠丽在上海城市最小管理单元数字治理成果发布会上作相关介绍时提及。

型的“引领梯队”。2023 年，上海市数字经济核心产业增加值达到 6600 亿元，占全市 GDP 比重约为 13%。大数据核心企业超过 1200 家，同比增长 5.68%，产业规模 3895.91 亿元。数字化公共服务不断迭代升级，通过数字资源向社区下沉，让更多人共享科技进步赋予生活的便捷，与之相应的数字化公共服务共享体制机制也不断健全完善。基本实现“高效办成一件事”“高效处置一件事”，“一网通办”入选《2020 联合国电子政务调查报告》经典案例。推进“一码通行”，“随申码”累计使用超 187 亿次，累计使用人数超 7900 万。数据开放管理和服务水平全面提升，普惠金融、医疗保险、数字旅游、“随申行”等重点行业数据有序开放、不断深化。截至 2023 年底，已开放 51 个数据部门、135 个数据开放机构、5532 个数据集（其中 2124 个数据接口）、84 个数据应用场景。数字基础设施建设全国领先，已建成全国“双千兆第一城”，固定宽带平均可用下载速率超过 50Mbps，累计建设 5G 室外基站 3.2 万个、室内小站 5.2 万个，为上海城市数字化转型新底座提供了有力支撑。

四、经验启示与思考

上海“由点及面”的数字化探索，逐步摆脱了传统智慧城市“点状数字化”模式，进一步丰富了复杂场域下城市数治场景的应用。同样作为全球超大城市的代表，日本东京也制定了《“智慧东京”实施战略》，面向 2040 年智慧东京的未来愿景提出城市数字化转型路径与举措，包括“互联东京”“城市数字化”①和“都厅数字化”三大任务，通过采取“场景驱动＋项目”模式推进实施。已有实践经验表明，作为全面提升超大城市精细化管理能力的关键之举，数字化转型深刻改变着经济、生活和治理原貌，并引发了对“有机生命体”的城市体征的新思考。

要充分激发参与各方的主动性创造性。精细化管理必须秉持系统性思维，整合政府、企业、个人等利益相关方，从政策、标准、技术、应用等多维度进行综合考量。应当看到，城市数字化转型必须落实到一个个具体场景中，它不仅包含一个相对静态的物理空间，也包含复杂的“人—事—物”时空交互。因此，要通过数字化手段和市场化机制，让不同主体参与城市精细化管理，率先在城市数字化转型重点领域确立数据资源共有产权。让参与数据要素价值创造各环节的市场主体获得数据共有权益，以进一步增强参与各方的安全感、获得感。在搁置数据所有权争议前提下，探索建立基于城市数字化转型的“数据要素场景应用共同体”，明确使用权、处置权归共同体所有，收益权按照合理划分归不同市场主体所有，以更好促进各类数据融合与价值实现。

要加快构建安全可信的数据治理框架。精细化管理对数据安全可信提出了更高要求，数据治理的关键是让各类数据汇聚流动，促进数据深度挖掘和有效利用，同时有助于推动将数字基础设施纳入城市空间规划体系，真正形成数据要素驱动的共建共治共享

① “城市数字化”在具体内容上提出安全城市、多元城市、智慧城市三大应用场景，与上海全面推进城市数字化转型有许多共同之处，且与数字基础设施建设和数字政府建设形成有机衔接，尤其强调要促进国家数据开放和代码开源。

模式。以行业数据空间为试点，形成“行业数据＋公共数据”协同联动，进一步强化市、区、街镇、网格、社区五级治理应用，为超大城市精细化管理提供更加丰富多元的数据源。从政府部门看，应结合城市数字化转型应用场景，按照“一数一源”原则编制职能部门数据责任清单，更好体现数据要素全周期治理。从市场主体看，组建重点行业和关键领域“数据要素场景应用共同体”，编制数据公共空间自治条例及实施细则，更好形成高质量的城市运行管理数据资源。从政府与市场协同看，依托区块链等先进技术搭建城市数据资产登记平台，明确数据权属主体资格，规定数据的收集、使用、管理权限，有效平衡数据利用与数据保护。

要建立健全“数字民情”沟通协作平台。市民不仅是各种数据的创造者和持有者，也是城市管理的问题发现者和解决参与者。精细化管理的绣花般功夫更重要地体现在解决人民群众关心的“关键小事”上，只有精准把握城市居民、摊贩、外来务工人员、个体工商户等各类主体的利益诉求，才能实现民意主动感受、民情智能感知、民愿即时感应，真正从细节提高治理图景的清晰度和精准度。通过构建数字技术辅助决策机制，依托小程序、政务 App、自助终端等渠道实现“指尖触达”，不断提升政府应对公共事件的韧性。要进一步拓展 12345 市民服务热线的人民建议征集和建言献策功能，描绘“数字化民情地图”。与此同时，对民生诉求事项建立服务群众的快速响应机制，对便民服务事项进行梳理，实现诉求“即时办”，强化民愿即时感应。

执笔人：龙海波

参考文献

[1] 王操 . 迈向卓越的城市智慧化追求：从基础功能到整体效能——基于上海城市智慧化历程的思考 [J]. 城市观察，2021（04）：157–164.

[2] 韩志明，刘子扬 . 穿透稠密的城市空间——数字时代超大规模城市的清晰化之道 [J]. 广西师范大学学报（哲学社会科学版），2022，58（03）：23–36.

[3] 顾丽梅，李欢欢 . 我国城市数字化转型的三种典型模式之比较——以上海、深圳和成都为例 [J]. 公共管理学报，2023，20（04）：53–63+170–171.

[4] 杜晨薇 .“城市大脑”再升级探路精细化治理 [N]. 解放日报，2022–11–08.

[5] 刘兴华 . 超大特大城市治理要主动适应数字时代要求 [J]. 新型城镇化，2023（03）：41–44.

[6]“上海信息港”第一次出现在世人面前 [N]. 联合时报，2018–07–13.

[7] 龙海波 . 数字化视角下城市精细化管理发展路径探析——基于上海超大城市“有机生命体”调研 [J]. 发展研究，2023，40（04）：31–35.

从脱贫攻坚到乡村振兴看政策性金融创新*

——农发行助力农业小微企业发展的吕梁实践

【摘　要】政策性金融体现政府意志、延伸财政职能、实现战略支撑，能够弥补财政金融资源的不足。2017 年 6 月，习近平总书记在深度贫困地区脱贫攻坚座谈会上强调，要发挥政府投入的主体和主导作用，发挥金融资金的引导和协同作用，增加金融投入对深度贫困地区的支持[①]。深度贫困地区要改善经济发展方式，重点发展贫困人口能够受益的产业，如特色农业、劳动密集型的加工业和服务业等。在助力脱贫攻坚过程中，中国农业发展银行与山西省吕梁市合作，充分发挥农业政策性金融作用，从项目准入、贷后监管、管理方式、风险控制等方面逐步探索出以产业扶贫贷款风险补偿基金为特色的吕梁实践。迈向乡村振兴新征程，通过宏观战略、应用场景、改革创新等方面分析比较，主要有以下启示：第一，要将政策性金融先导优势转化为

---

* 此案例部分内容已在《中国金融》2023 年第 1 期刊发，原标题为《以农业政策性金融创新支持乡村振兴》。本案例报告中涉及的农村贫困地区是指脱贫攻坚战取得全面胜利前的相关地区。

① 《习近平：在深度贫困地区脱贫攻坚座谈会上的讲话》，《人民日报》2017 年 9 月 1 日。

全面撬动乡村振兴所需社会资本的杠杆作用。第二，要将政策性金融补短板基础作用转化为挖掘下沉市场潜力的长尾效应。第三，运用供应链金融思维发挥政策性金融服务龙头企业和上下游企业的牵引作用。第四，通过创新市场化担保方式推动政策性金融在高质量发展与共同富裕中逐步形成合理的风险收益结构。

【关键词】乡村振兴　政策性金融　风险补偿基金　农村贫困地区

一、时代背景

农业政策性金融是政府为了实现特定农业政策目标，针对“三农”领域实施的特殊金融制度性安排。它以国家信用为基础，运用各种特殊融资手段和优惠存贷利率，对农业发展和农村经济进行资金扶持。支持农业农村发展，是世界各国政策性金融机构不可回避的重要议题，其兴起与经济社会发展程度密切相关。当一个国家经济社会发展到一定水平时，农业部门融资活动会出现内生性约束，需要政府进行外源性干预支持。特别是在经济下行压力增大、市场预期转弱的情况下，农业政策性金融的功能定位更加明晰，普惠性、公益性色彩更加凸显。

（一）农业政策性金融的功能定位逐步深化

始终坚持国家战略导向。由于农村地区自然环境恶劣、基础设施薄弱、资金供给不足、教育文化水平落后，一直以来都是脱贫攻坚的主战场。进入巩固拓展脱贫攻坚成果同乡村振兴有效衔接过渡期，从聚焦产业扶贫到产业振兴，农业政策性金融在服务国家战略大局中发挥了重要作用。比如，精准投放产业扶贫流动资金贷款，助推扶贫车间扩产升级。大力支持特色农机装备研发制造，满足农机企业融资及机械化耕种需求。积极投身农产品流通体系建设、农村电子商务、农业生产资料市场等重点项目，为企业提供多样化金融服务。稳步在试点地区探索集体资产抵押融资，为农民增加可持续财产性收入。

有效弥补传统市场失灵。一方面，作为国民经济基础，农业是受自然环境影响较大、兼具高风险与低积累率的弱质性产业，其投资呈现风险大、资金周转慢、收入效益低等特点，通常难以获得商业银行信贷支持。另一方面，与农业相关的重大基础设施建设、科学技术研发具有较强的公共产品属性，但由于资金需求大、投资周期长，商业银行提供贷款支持意愿不足。因此，仅靠市场机制无法解决农村金融资源供给不足、公共产品缺失的问题，需要加大政府调控力度，通过农业政策性金融弥补市场失灵。

积极引导资金高效配置。传统农业政策支持下，主要依靠财政补贴直接干预农业生产，但资金成本较高且不利于提升使用效率。农业政策性金融能够发挥杠杆作用引导商业银行资金流向，不断放大涉农资金的乘数效应，并通过市场机制决定贷款发放对象、资金规模、利率期限，这些都有助于提升信贷资金配置效率，进一步改善农业农村金融供给结构。特别是农业政策性金融长期专注“三农”领域，能够灵活调整业务类型和经营方式，不会造成外部市场扭曲，还可以有效防止政府过度干预。

（二）农村小微企业面临特殊的融资困境

近年来，我国各类金融机构服务小微企业融资需求取得长足进步，但仍存在较大的融资缺口。世界银行、中小企业金融论坛、国际金融公司联合发布的《中小微企业融资缺口：对新兴市场微型、小型和中型企业融资不足与机遇的评估》显示，我国小微企业①潜在融资需求达4.4万亿美元，但供给仅有2.5万亿美元，缺口比重达43%。尤其是在一些农村贫困地区，小微企业面临更加严重的资金短缺。主要原因在于以下几方面。

一是农业农村经济发展水平不高。农村贫困地区自然环境恶劣、基础设施薄弱，一直以来都是脱贫攻坚的主战场。农村地区产业结构单一、以农业为主，是受自然环境影响较大、兼具高风险与低积累率的弱质性产业，具有投资风险高、资金周转慢、收入效益低等特点。2020年，我国农村居民人均可支配收入为17131元，约为城镇居民的39.08%②。受此影响，农村小微企业资产规模较小、经营范围有限，主要集中在农产品初级加工、销售等涉农领域，相较其他行业自身抗风险能力较弱，通常难以获得商业银行信贷支持，从而使得流向“三农”领域的资金面临更多

① 国家市场监督管理总局数据显示，截至2021年底，全国各类小微企业达4317.25万家，个体工商户有1.02亿户。

② 资料来源：国家统计局，《中华人民共和国2020年国民经济和社会发展统计公报》。

的不确定性。

二是农村信用体系建设相对滞后。与城市企业相比，广泛分布于农村贫困地区的小微企业起步晚、经营规模小、发展能力不足，缺乏可用于抵押担保的固定资产。财务制度不健全、纳税不规范的现象比较普遍，企业财务状况透明度低。由于小微企业管理运行不规范、内部审计缺失，很难对企业的产供销流程及时作出准确反应，进一步加大了小微企业自身经营风险，也使得银行无法获取有效的财务信息。特别是现代征信体系建设高度依赖数字基础设施，农村地区还存在短板。小微企业自身的经营管理问题和数字基础设施覆盖率不高的现状制约了农村信用体系建设，导致农村贫困地区小微企业在融资时难以提供银行需要的借贷历史和信用记录。同时，商业银行在农村贫困地区信贷创新不够、授信政策宽严尺度不一，尤其缺乏专门针对农村小微企业“量身定制”的信贷产品，这也使得农村贫困地区银企信息不对称问题难以解决。

三是企业自身面临更高的道德风险。农村小微企业多为农民自主创办，然而，目前农村地区金融普及教育还不够完善。中国人民银行《消费者金融素养调查分析报告（2021）》显示，2017—2021年，农村地区消费者金融知识得分有显著提升，但与城镇地区相比仍存在较大差距。2021年，77.42%的城镇受访者能正确认识风险和收益的关系，比农村地区高7.69个百分点；51.86%的城镇受访者能正确理解风险分散的概念，比农村地区高9.59个百分点；87.24%的城镇受访者能正确看待不良信用记录的影响，比农村地区高5.75个百分点。农村小微企业主金融知识匮乏，不利于企业融资渠道开拓，影响企业长期发展。金融素养的缺乏还导致部分小微企业按期还款意识不强，容易引发更大的信用危机。农村地区小微企业质量参差不齐，大量不符合信贷标准的企业影响到金融机构对地区整体信用的评估判断，进一步抬高了规范经营企业融资成本，造成贫困地区企业融资难的恶性循环。

这些原因长期存在且不易解决，使得农村贫困地区小微企业进行融资活动时会出现内生性约束，商业性金融难以提供外源性辅助支持。农业政策性金融作为贯彻国家农业农村金融战略的重要载体，与商业性金融在定位与功能上存在本质不同，特别是在小微企业融资过程中，政策性金融不追求利润最大化，在有效控制风险的前提下供给金融资源，弥补企业融资缺口，发挥着不可或缺、不可替代的重要作用。

二、发展历程

中国农业发展银行（以下简称农发行）成立于 1994 年，是我国唯一的农业政策性银行，承担着将社会主义制度和市场经济有机结合起来的天然职责，在长期实践中已成为“三农”领域经济政策协调机制的重要载体。减贫一直是农业政策性金融的重要功能，农发行为助力贫困地区小微企业缓解融资困境发挥了重要作用。

（一）建立政策性金融扶贫信贷体系

农发行成立时，适逢国家部署实施《国家八七扶贫攻坚计划》[①]。根据国家规定的各家银行业务基本分工，原有各家银行分管的各类扶贫贷款从1994年起全部改由农发行统一办理，农发行成为全国信贷扶贫的主力军。农发行当时承办的扶贫贷款包括一般扶贫贷款、边境贫困农场贷款和残疾人康复扶贫贷款。在发放扶贫贷款时，根据具体情况采取了贷款直接到户和间接到户两种方式。当时贷款间接到户形式很多，包括“公司+农户”“职能部门+农户”“孟加拉模式+农户”“农村社会化服务体系+农户”等。

为落实好《国家八七扶贫攻坚计划》，农发行于1996年、1997年连续两年召开扶贫开发信贷工作会议，提出把沿海经济比较发达省份的扶贫信贷资金调整出一部分，集中用于中西部贫困状况严重的省区，重点支持投资少、见效快，且有助于改善农业基本生产条件和直接解决群众温饱问题的种植业、养殖业和以农副产品为原料的加工业发展。同时，明确计划早下达、项目早落实、贷款早投放、效益早实现的“四早”原则，采取适当放宽贷款条件等措施加大对贫困地区的扶持力度。

为规范扶贫贷款管理，1996年4月，农发行制定下发《中国农业发展银行扶贫贷款管理暂行办法》，对贷款的范围和用途、贷款对象与条件、受理借款申请、贷款项目评估、贷款审批、签

---

① 《国家八七扶贫攻坚计划》提出，要力争用7年左右的时间，基本解决当时全国农村8000万贫困人口的温饱问题。

订借款合同、建立贷款登记簿、贷款监督检查等方面都作出明确规定。这一时期，扶贫贷款由1994年划转时的104亿元发展到1997年末的331亿元，增长2倍多。1995—1997年，农发行累计发放扶贫贷款231亿元，相当于1994年以前各家银行十年间投入扶贫贷款总量的82%。

（二）完善贷款管理体制和风险防控体系

在建立扶贫信贷体系后，农发行开始完善贷款管理体制，建立健全风控体系。农业政策性金融风险主要是信贷风险，从本质上讲都是资金损失的不确定性，与商业银行并无差别。农业政策性金融作为政府的调控工具，往往在贷款定价上实行“让利于农、让利于企、让利于贫困区域”政策，为农业农村提供长期低息贷款，以降低贷款主体资金成本。但作为金融机构，农业政策性金融也必须管控风险才具有可持续性。

建立企业风险基金制度。农发行的一大职能是发放管理粮、棉、油等农副产品的收购贷款。2002年，针对棉花企业有效资产较少、担保贷款方式难以全面推广的情况，农发行要求企业申请贷款必须有一定比例的自筹资金，并逐步建立风险基金制度，规定企业自筹资金必须在贷款投放前存入专户，货款回笼后要首先归还贷款，不允许提前抽走自筹资金。

开展行业分析。为了解主要行业的现状及发展趋势、防控信贷风险，2007年，农发行有针对性地选择粮食加工、畜牧、水产养殖、纺织等17个行业进行分析。自2008年开始，农发行总行每年定期发布信贷政策指引，依据国家产业政策、区域政策和宏观调控政策，确定重点支持、优先支持、择优支持的领域，指引各分行的信贷投向。

加强贷后管理。2007 年，农发行组织对总行审批的 21 个贷款项目开展贷后评价试点工作，初步建立贷后评价制度。2011 年，农发行组织开展对 2009 年以来总行、省行审批的 591 个项目、1734 亿元中长期贷款的贷后评价工作，从政策制度执行、贷前条件落实、风险控制及贷后管理情况等方面进行评价。根据贷后评价结果，农发行建立了相应的信贷退出机制。

（三）创新贫困地区小微企业融资服务体系

自 2015 年脱贫攻坚战打响以来，农发行累计投放金融精准扶贫贷款 2.32 万亿元，投放额居金融同业首位。特别是发挥政策性银行优势，围绕区域性特色产业，把支持农业小微企业发展作为产业扶贫切入点和业务拓展增长点。基于政府导向和行业发展规划，筛选入库项目，对企业调查摸底，与地方政府合作召开银企项目推介会，宣传农发行农业小微企业信贷政策，探索农发行独立审贷的运行模式。重点支持农业产业化龙头企业、示范企业、以加工为龙头的“公司 + 基地 + 农户”，以及品牌优、效益好、潜力大、广覆盖、能带动农民致富的企业。同时，按不同企业、不同产业、不同行业、不同区域实行“一县一策”策略，实现对农业小微企业信贷支持的无缝对接。

鉴于农业小微企业规模小、资金少、抗风险能力差等特点，农发行探索以贷引存小额贷款、农业小微企业贷款等贷款新品种。通过降低准入门槛、放宽担保要求、实施差异化授权、延长特惠政策期限、提高不良贷款容忍度等方式加大对小微企业的信贷支持力度，明确“整体优惠＋首年再优惠”的组合利率优惠政策。对资信好、效益好、机制好且具有发展潜力的小微企业加大信贷支持力度，帮助企业扩大生产，实现销售收入和利润增长，帮助小微企业做大做强。

在帮助企业提高融资能力的同时，农发行对农业小微企业贷款项目落实好各环节主责任人，建立农业小微企业贷款管理责任制。通过关注企业法人资信，掌握客户信息资源，查验企业各类证照报表等基本资料，核查企业现金流、应收账款、存货及销货款回笼变化情况，实地核实企业水表、电表、工资表，进一步摸清企业生产经营状况。针对小微企业担保资源稀缺问题，创新“政银企担”合作模式，政府实体化国有公司、小微企业、银行、农业担保公司分别承担40%、30%、20%、10%的风险，涉农小微企业仅需提供30%的抵押给国有公司由其增信，向农业担保公司提供100%反担保，农业担保公司向银行出具100%保函。此外，农发行还依托贫困地区当地资源禀赋，针对脱贫短板实行“靶向治疗”。

实践表明，政策性金融支持小微企业方式必须不断创新，农业政策性金融机构通过与地方政府特色优势产业和特殊担保方式相结合，可以为产业扶贫、乡村振兴提供更大更好的金融支持。

三、主要做法

产业扶贫是增加农村贫困人口收入的有效途径，也是新时代精准扶贫战略实施的关键抓手。中央提出通过产业扶持实现3000万以上农村贫困人口脱贫，并明确支持贫困地区设立扶贫贷款风险补偿基金。山西省吕梁市是全国14个集中连片贫困地区之一，为打破产业扶贫信贷制度瓶颈，为当地小微企业提供金融支持，市政府与农发行合作，在全国较早建立产业扶贫贷款风险补偿基金。基金由地方政府和企业共同出资，其中，包括财政涉农整合资金、地方财政专项扶贫资金在内的政府出资比例不低于60%，符合贷款条件的小微企业按照自身贷款额度的5%~10%缴纳权益性资金作为担保。以风险补偿基金为质押担保撬动农发行更大的信贷投入，专门服务于贫困地区小微企业的融资需求。获得贷款的企业必须以吸纳就业等形式直接带动贫困人口增收，实现银行、企业、贫困户的三方共赢。

（一）严格项目准入，缓解银行企业间逆向选择问题

为防止大量不合格企业一哄而上导致优质企业无法获得融资支持，地方政府、企业联盟和银行建立了严格的筛选机制。申请贷款企业要经企业联盟推荐、政府审核，通过后才能进入补偿基金项目库。银行根据内部程序对入库企业项目开展尽职调查、独立评审，自主选择符合要求的项目予以支持。银行发挥政策性金融专业优势，结合当地实际深入分析企业资金需求、经营状况和

发展前景，真正将有良好信誉且能够有效带动贫困人口增收脱贫的企业筛选出来，最大程度减轻放贷前银行和企业间的逆向选择问题，提高金融助力产业扶贫精准度。

（二）加强贷后监管，防范企业道德风险

与一般性商业贷款相比，通过风险补偿基金获得贷款的小微企业要接受政府、企业联盟和银行的联合检查以及更严格的财务监督。风险补偿基金模式下，银行有权延展对客户的管理半径，对企业经营全过程实施严格监管，防止企业获得贷款后淡化风险意识，同时帮助企业规范财务管理，降低企业财务信息的不透明度。为强化贷后监管，风险补偿基金也要接受当地审计和财政部门的监督检查，银行在此基础上实行熔断机制。一般而言，当关注类贷款或者不良贷款达到一定比例，或出现风险补偿基金未按约定代偿的，银行将暂停项目库中所有业务办理，当基金缺口补足后再恢复后续贷款发放。一家企业的违约就会影响到地区所有企业的后续融资，这也会对欠款不还的企业造成同业压力。银行通过对企业贷后经营和风险补偿基金的双重监管，能够有效防范企业道德风险。

（三）注重灵活创新，优惠服务小微企业突出扶贫成效

在减少银企间信息不对称的基础上，银行在管理理念、工作模式和方法上不断创新，为小微企业提供最大限度的优惠服务。

与传统注重硬资产抵押担保方式不同，对于符合产业扶贫贷款认定标准的项目，银行采用信用贷款方式，降低对企业财务指标和信用等级的要求，重点关注企业现金流和持续经营能力。同时，为小微企业优先匹配低成本资金和最优惠利率，特别重视满足其流动资金需求，视情况以基准利率发放中期流动资金贷款，帮助小微企业降低资金成本、提升抵御市场波动的能力。风险补偿基金模式下，获得贷款的企业必须以吸纳就业、农产品交易或其他帮扶形式直接带动贫困人口增收。银行注重根据贷款实际带贫情况对扶贫贷款有效性进行评价，并将产业扶贫贷款单位带贫人数、扶贫成效突出的贷款占比及精准质效管理情况等纳入考核范畴，突出扶贫贷款量质并重的考核导向，不断解决在贷款管理中存在的问题，提升为贫困地区小微企业融资的服务水平。

（四）实现风险共担，保障银行信贷资金安全

风险补偿基金作为政策性金融贷款的补充质押，大幅降低了银行资金流向农村贫困地区的不确定性。小微企业在申请贷款时虽无须第三方提供担保，但有效资产应抵尽抵，且企业法定代表人和主要股东需签订连带责任担保合同。同时，银行注重加强贷款总额控制，银行资金一般按政府出资额的 5~8 倍放大，但最高不超过 10 倍，且遵守分散风险原则，单个小微企业贷款申请额不能超过政府出资金额的 20%。如果发生实质风险，则由政府与企业联盟共同出资的风险补偿基金按违约金额的 80% 进行代偿，然后依法处置抵押的企业有效资产和法定代表人、股东个人

财产，剩余的风险损失再由银行承担，最大限度保障银行的资金安全。

总体来看，吕梁实践有效结合了政府的组织优势、贫困地区的资源优势和政策性银行的资金优势，探索出以产业扶贫贷款风险补偿基金为特色的“吕梁经验”。在这一过程中，政府主要发挥增信和引导作用，政策性银行发挥信贷主体作用，协同配合为贫困地区小微企业提供融资支持，激发扶贫特色产业活力。小微企业通过提供较低比例的资产保障，获得较大规模优惠信贷，有效缓解了长期以来困扰企业的融资难题。一方面，企业融资成本降低，依托当地特色产业开展更多经济活动，直接带动贫困户收入提升。另一方面，风险共担和补偿机制大幅降低银企间逆向选择和道德风险，最大限度保障了政策性金融机构资金安全。截至 2020 年底，该做法已在广西、新疆、重庆等 14 个脱贫攻坚重点省（区、市）的 29 个贫困县落地，支持中小微企业 358 家，累计投放扶贫贷款 111.89 亿元，贷款余额 65.61 亿元，累计带动服务建档立卡贫困人口 2.2 万余人。

四、经验启示与思考

农发行在山西省吕梁市探索的精准扶贫实践，充分体现了政策性金融的特殊作用。农业政策性金融支持在助力以产业扶贫为重点的脱贫攻坚进程中意义重大，以企业联盟为依托、重点支持扶贫特色产业，将风险补偿基金作为政策性金融贷款补充质押的吕梁实践创新对于推动产业振兴具有一定的启示借鉴意义。但同时也应看到，任何一种政策性金融创新是否具有可复制性，不仅取决于自身的生命力，还与脱贫攻坚和乡村振兴不同阶段的战略重点调整、应用场景变化、改革创新领域等密切相关（见表1）。因此，需要用辩证发展的眼光看待“吕梁经验”助力乡村振兴的适应性，不断调整农业政策性金融立足新发展阶段的功能定位。

表1　农业政策性金融创新的比较

方面	脱贫攻坚战略	乡村振兴战略
战略重点	产业扶贫（“五个一批”）	现代乡村产业体系和乡村建设（“五大振兴”）
应用场景	政府主导，相对有限	政府与市场相结合，潜力巨大
改革创新	农业供给侧结构性改革	农业供给侧结构性改革与政策性金融改革相互促进
作用方式	当先导、补短板、逆周期调节	支杠杆、锻长板、强牵引、优结构

资料来源：根据相关资料整理。

第一，要将政策性金融先导优势转化为全面撬动乡村振兴所需社会资本的杠杆作用。“吕梁经验”主要针对特定产业扶贫项目和小微企业引导信贷资金投入，是以政府信用为担保、政银协同解决贫困地区资金匮乏问题的有益尝试。通过发挥“当先导”作用，有利于补齐产业扶贫业务发展短板。随着国家战略重心转向乡村振兴，农业农村对金融服务需求更大，仅靠财政投入并不能解决包括乡村建设、产业兴旺在内的项目资金缺口。调研中了解到，《国务院关于促进乡村产业振兴的指导意见》《关于金融服务乡村振兴的指导意见》《社会资本投资农业农村指引》等政策文件相继出台，国有商业银行、地方农商行参与意愿进一步增强，商业性金融有更广阔的发挥空间。相比之下，农业政策性金融能够在乡村振兴战略中发挥更有力的杠杆作用，可以通过信贷产品模式创新，吸引更多商业性金融和民间资本投入。要在发挥“粮食银行”“农地银行”“绿色银行”等国家战略功能基础上，通过直接或间接低成本资金投放，进一步放大社会资本投资的乘数效应，更好助力乡村振兴和高质量发展。

第二，要将政策性金融补短板基础作用转化为挖掘下沉市场潜力的长尾效应。“吕梁经验”旨在帮助小微企业便捷低成本获得融资需求，从而直接带动贫困地区人口就业增收，特别是将脱贫帮扶成效作为一项重要考核指标，在培育新型农业经营主体初期发挥了补短板的政策扶持作用。面对方兴未艾的技术变革机遇和超大规模市场优势，以及共同富裕目标指引下不断缩小的城乡收入差距，以三线以下城市、县域和广大农村地区为代表的下沉市场潜力巨大，传统农业政策性金融“保本微利”商业模式亟待转型。应当看到，阿里、京东、拼多多等数字化企业盈利业已证明下沉市场拥有巨大挖掘价值。这是因为，普惠性数字基础设施大幅降低了信息成本、物流成本和中间服务成本。农业政策性金融要依托数字技术红利，在农村金融基础设施建设中发挥主力军作用，把普惠金融“村村通”变成金融知识“人人懂”。要通过不断培育农村市场主体的商业活力和新型农民的金融意识，切实增加农民财产性收入，找准商业资本逐利和政策性普惠金融的平衡点，逐步实现由补短板、打基础向锻长板转变。

第三，运用供应链金融思维发挥政策性金融服务龙头企业和上下游企业的牵引作用。“吕梁经验”基于企业联盟形成银政企利益连接共同体，吸引行业内发展前景好、自身基础扎实、注重信誉的企业加入，同时通过企业信息共享降低了信息不对称风险，有利于加强小微企业财务规范和经营管理。然而，这一利益连接共同体涉及的业务范围相对较窄，尚未从根本上解决农业生产经营主体散、小、弱导致的融资难问题，从构建适应新发展阶段的现代乡村产业体系的角度出发，还有待进一步提升。对于农业政策性金融机构而言，应当牢固树立供应链金融思维，充分借助金融科技手段打造供应链核心企业与上下游企业结算、融资等一体化金融服务体系，支持农产品企业“产供销”全流程建设和融合发展，促进乡村产业提质升级。与此同时，要不断创新客户延展管理方式，从农产品上游品质把关、下游销售需求预测、龙头企业抗风险能力等方面探索建立全链条风险评估模型，逐步实现以企业联盟为基础向以产业链生态圈为牵引的银政企利益连接共同体转变。

第四，通过创新市场化担保方式推动政策性金融在高质量发展与共同富裕进程中逐步形成合理的风险收益结构。“吕梁经验”特色在于满足有效资产“应抵尽抵”后不再需要提供第三方担保，而是企业股东之间相互担保，是对传统金融抵押担保的继承创新，有利于促进金融资源配置规则公平和过程公平。如果不对担保方式进行大胆探索创新，政策性金融的先导性优势和补短板作用就可能大打折扣。因此，要在政府信用担保基础上，依托相应改革试点探索土地产权质押、合同订单质押、抵押再贷款等方式。比如，对于供应链上下游小微企业，可采取龙头企业担保，同时根据贷款项目实际情况适时运用农村承包土地经营权抵押、集体经营性建设用地使用权抵押、应收账款质押等方式。当然，这些担保方式创新也取决于政策性金融机构自身的改革力度。要积极推动政策性业务和自营性业务分类管理，逐步形成多层次、广覆盖、差异化的银行发展格局。

执笔人：李苍舒　龙海波

参考文献

[1] 龙海波，李苍舒 . 以农业政策性金融创新支持乡村振兴 [J]. 中国金融，2023（01）：77–78.

[2] 张俊彬 .“区块链 + 供应链金融”解决中小企业融资难问题 [J]. 现代商业，2021（28）：98–100.

[3] 谢良明，刘良春，曹源建 . 赣州市分行立足实际支持农业小微企业 [J]. 农业发展与金融，2012（02）：111–112.

新型集体经济促进农村共同富裕*

——“强村富民”的湖州共同富裕实践

【摘　要】促进共同富裕，最艰巨最繁重的任务仍然在农村。发展壮大农村集体经济是实现共同富裕的重要途径。2016年印发的《中共中央 国务院关于稳步推进农村集体产权制度改革的意见》指出，集体经济发展进入新阶段，探索农村集体经济新的实现形式和运行机制已成为重要课题。强村富民公司（以下简称强村公司）是由农村集体经济组织出资入股、以发展壮大集体经济为核心目标的公司法人，是地方探索集体经济实现形式和运行机制的有益创新。强村公司的显著特点是将集体经济纳入利益联结机制，其在保障集体资产安全、对弱势群体再分配和扩大本地就业等方面具有内生动力。它较好地解决了集体经济运营模式、管理体制、利益共享机制和治理体系创新四个核心问题，为构建长效发展机制提供可行路径。面向乡村振兴推进共同富裕新任务，强村公司的发展理念和实践创新为欠发达地区提供了有益借鉴。欠发达地区壮大集体经济需要不断丰富创新资产运营模式，利用各

* 此案例部分内容已在《中国延安干部学院学报》2023年第5期刊发，原标题为《新型集体经济促进共同富裕的经验与启示——以浙江湖州强村公司为例》。

类协作帮扶机制强化基层人才队伍建设，在扶贫项目基础上进一步优化资产运营模式。

【关键词】共同富裕　集体经济　强村公司

一、时代背景

近年来，许多学者对集体经济促进共同富裕开展了诸多方面研究，充分肯定集体经济在推动全体人民共同富裕方面的积极意义，认为集体经济对于中国实现全面小康和共同富裕意义重大。特别是陈锡文（2022）强调，农村集体经济组织制度帮助中国农村维持较低的两极分化程度和合理的收入差距。对集体经济促进共同富裕主要路径的分析可以归纳如下。一是集体经济发展为完善农村基础设施和基本社会保障提供物质基础，增强农村社会的内生发展能力，更好促进社会公平。二是集体经济发展有助于推动农村产业发展，增强要素流动，提高资源配置效率，对于欠发达地区农户进入市场有重要意义，有利于推动农村产业兴旺，提高农民收入。三是集体经济发展能够提高村内治理水平，增强基层党组织的号召力，推动集体经济社会属性和经济属性协调统一。

进入新时代，乡村基层治理体系持续改善和集体经济多元参与者的认知不断提升，探索集体经济发展新形势具备坚实基础。近年来，各地积极开展集体经济产权改革，创新多种运营方式，比如，不同发展水平和资源禀赋的集体经济抱团发展、村社党支部或乡镇政府主导的集体经济发展模式，以及被广泛讨论的“烟台经验”等。

二、发展历程

随着农村土地改革、农业生产经营体制变革以及生产力水平的提高，中国集体经济发展经历了四个阶段。

（一）1950—1957 年：土地改革后的集体经济

新中国成立后，中国在新解放区开展大规模土地改革，把封建剥削的土地所有制改变为农民的土地所有制[①]。虽然土地改革极大地激发了农户的生产积极性，但分散的小农经营面临着土地碎片化、技术升级难、基础设施发展慢等问题。为解决这一问题，农户自发组成互助组开展合作，自愿开展生产资料和劳动交换，具备集体经济的性质。1951 年 9 月，《中共中央关于农业生产互助合作的决议（草案）》提出了中国农业合作化的三种主要形式，即互助组、初级农业生产合作社、高级农业生产合作社。截至 1952 年底，全国互助组总量超过 830 万个、农业生产合作社 3663 个，加入各类合作组织的农户占全国总农户的比例达到 41.8%。1953 年 2 月，中共中央正式通过《关于农业生产

① 《新中国档案：新中国的土地改革运动》，新华社，2009 年 8 月 20 日。

互助合作的决议》，农村合作的重点由发展互助组转向发展合作社，初级农业生产合作社开始向高级农业生产合作社加速转变。1955 年 10 月，《关于农业合作化问题的决议》要求有条件的地方重点试办高级农业生产合作社，推动农业合作化进入高潮。截至 1956 年，加入农业生产合作社的社员总户数已达全国农户总数的 96.3%，其中初级农业生产合作社户数占 8.5%，高级农业生产合作社户数占 87.8%。仅在一年之内，我国就基本完成了高级形式的农业合作化。

农业合作化通过分工合作，有效提高了生产效率，提升了粮食产量和土地质量。1954—1955 年，全国农业总产值（按 1952 年不变价格计算）从 516 亿元增至 555 亿元，粮食产量从 16952 万吨增至 18394 万吨。此外，农业基础设施特别是农田水利设施发展迅速，农村文化、教育和医疗卫生条件也得到了大幅改善。

这一阶段，集体经济经历了从萌芽到成熟的转型。互助组是集体经济组织的萌芽阶段，初级农业生产合作社以土地和生产资料入股为特征，农民按照劳动量和入社生产资料多少获得报酬，并强调农业生产合作社在分配劳动成果的时候，应该给全社留下为发展生产和发展公共文化福利事业所必需的资金。高级农业生产合作社的鲜明特征是土地等主要生产资料归集体所有，除了开展农业生产外，“在不妨碍农业生产、不进行商业投机的条件下”，农业生产合作社被允许经营副业，社队企业开始涌现，是乡镇企业的早期形态。

（二）1958—1979 年：人民公社化中的集体经济

1958 年 8 月发布的《中共中央关于在农村建立人民公社问题的决议》，将农业生产合作社升级为大规模、政社合一的人民公社化运动在全国范围内被推向高潮。但这一阶段人民公社化运动制度设计超越现实条件，致使农业生产和农民生活陷入了空前混乱和危机，存在明显缺陷。1962 年，中共八届十中全会正式通过《农村人民公社工作条例（修正草案）》，确立了公社、生产大队和生产队三级所有，以生产队为基本核算单位的农村土地制度。小公社体制在中国延续超过 20 年，为中国农村土地集体所有制奠定了基础。

“三级所有、队为基础”的公社化为农业农村发展提供了有力制度基础。农业快速发展，粮食产量由 1958 年的 2 亿吨增至 1982 年的 3.5 亿吨，林、牧、副、渔业及其他非农产业增长更快，农村产业结构逐步改善，为日后的农村改革打下了良好基础。更为重要的是，这一阶段农业发展为新中国工业化提供了宝贵的资本原始积累，促成中国完成“压缩式”工业化。此外，人民公社在救济贫弱、合作医疗方面也发挥了重要作用，有效改善了农村社会事业发展面貌。

这一阶段，社队企业得到进一步发展，成为集体经济发展的重要形式。1958 年发布的《关于人民公社若干问题的决议》提出，人民公社必须大办工业，使社队企业得到迅速发展。虽然社队企业的发展经历了一些反复，但国民经济基本恢复后，社队企业发展重回正轨。1966 年，毛泽东发出“五七指示”，号召农村在有条件的时候也要由集体办些小工厂①，使社队企业发展获得政治动力。1970年，社队企业开始大力发展“五小”工业②配合农业生产，以改变“南粮北调”的局面，社队企业获得新的发展机会，并且带动了采矿、建材工业发展。

（三）1980—2015年：双层经营体制下的集体经济

1980年，中共中央发布《关于进一步加强和完善农业生产责任制的几个问题》，提出不同地区、不同社队可以根据具体情况采取包产到户、包干到户，对于集体经济发展状况较好的地区，应当进一步巩固和发展集体经济。1982年和1983年的中央一号文件肯定了家庭联产承包责任制的合法性并进一步完善和发展了这一制度。1980年秋，全国实行“双包”到户的生产队只占总数的20%，1981年底已发展到50%，1983年春发展到95%以上。至此，家庭联产承包责任制已经成为我国农业的主要经营形式。

家庭联产承包责任制下，乡镇企业发展成为集体经济实现的最主要形式，并极大改变了中国农业农村发展的状况。1984年，随着公社改制完成，村社企业也正式改称乡镇企业。为了适应农村生产力水平较低的国情，中央明确乡镇企业实行“多轮驱动、

---

①《“文化大革命”时期毛泽东的若干经济理论和观点再探析》，中共中央党史和文献研究院官网，2013年11月20日。

② 指小钢铁、小煤矿、小机械、小水泥、小化肥五种工业企业。

多轨运行”[①]。中国乡镇企业数量、产值和就业人数增长迅猛，逐步形成苏南模式、温州模式等具有代表性的发展范式。1992 年，中国确立建设社会主义市场经济的目标，乡镇企业得到全面发展，特别是中西部地区乡镇企业成为发展当地经济的重要支点。1997 年，《中华人民共和国乡镇企业法》正式实施，乡镇企业进行大规模改革，转为民营企业和个体企业。

这一阶段，集体经济运营模式更加多元，治理和分配方式也呈现多样化趋势。苏南模式以乡镇、村两级集体所有制企业为主，实行较为平均的按劳分配制度，国家、乡（镇、村）、企业和职工四个层次参与分配，员工收入差距基本可控。乡镇政府直接参与企业经营，大幅降低了苏南地区乡镇企业的要素价格和交易成本。温州模式则呈现出“无为而治”的特征，主要以家庭工业为基础，开展市场化运营。温州模式下，集体经济和政府的角色较弱，居民收入差距较大。

（四）2016 年至今：产权制度改革后的集体经济

2016 年发布《中共中央 国务院关于稳步推进农村集体产权制度改革的意见》，在创新农村集体所有制实现形式和集体经济运行机制方面作出部署，集体经济发展进入新阶段。一方面，集体资产管理制度进一步健全，特别是对农村集体经营性、非经营性和资源性资产开展清产核资。另一方面，积极探索集体经济有

① 陈笑：《中国乡镇企业的发展演变》，中国国际发展知识中心官网，2020 年 10 月 27 日。

效实现形式，鼓励各地因地制宜发展集体经济。在脱贫攻坚时期，大量资源投入贫困地区，发展提升集体经济薄弱村成为脱贫攻坚的重点任务之一。《中共中央 国务院关于打赢脱贫攻坚战三年行动的指导意见》指出，通过盘活集体资源、入股或参股、量化资产收益等渠道增加集体经济收入。

三、主要做法

强村公司是近几年出现的推动集体经济市场化运营的地方实践。强村公司是由农村集体经济组织出资入股、按照《中华人民共和国公司法》组建的、具有明确市场主体地位的公司法人。集体经济组织以多种形式参股或控股强村公司，实现市场化运营，以利润分红方式达成资产保值增值的目标。强村公司的显著特点是将集体经济纳入利益联结机制。与“公司＋农户”和专业合作社等传统产业发展模式中以农民增收为核心目标不同，强村公司以发展壮大集体经济为核心目标，将集体经济纳入利益联结机制。集体经济组织为股东的强村公司在保障资产安全、对弱势群体再分配以及吸纳本地居民就业等方面具有较强的内生动力，一定程度上克服了传统模式中资本下乡带来的负外部性。

目前，浙江、安徽、贵州、四川等多省结合本地实际发展强村公司，壮大农村集体经济。根据浙江省农业农村厅数据，调研了解到，浙江强村公司数量超过千家，平均年盈利 200 多万元，年回报率达14.4%[①]。浙江省根据高质量发展建设共同富裕示范区的要求，将发展集体经济作为缩小城乡差距、推动乡村振兴的突破性抓手。近年来，湖州市作为缩小城乡差距试点，在支持发展强村公司、发展壮大农村集体经济方面进行了大量探索。截至2021年底，湖州市正在运营的强村公司共253家，产生利润2.54亿元，实现分红近2亿元。

（一）运营模式：统一流转开发不动产，经营低技术门槛业务，创新资源价值实现形式

统一流转、统一开发土地等不动产资源，“飞地经济”拓展发展空间。农村存量巨大的林地、耕地等资源是强村公司发展的禀赋条件。随着城镇化步伐加快，相当数量的宅基地以“转权让利”的形式扩大了集体建设用地规模。此外，闲置办公用房、学校、厂房、仓库等不动产资源也可用于公司运营。强村公司根据产业发展需求，将分散在农户和村集体手中的资产统一流转到公司，之后以强村公司为主体统一出租运营。例如，南浔区和孚镇荻港村分阶段将村内沿河房屋、鱼塘等使用权流转至强村公司后，由强村公司统一规划发展旅游业，在为村民提供稳定租金收益的同时，推动村内产业规模化经营。

除了利用已有资源开展经营，开展异地资产运营的“飞地经济”能够有效扩展集体经济发展空间，弥补部分村集体地理

① 《全面推进以村集体经济为核心的集成改革》，《浙江日报》2022年2月23日。

位置弱势。例如，安吉县天荒坪镇 11 个村共同出资成立强村公司发展“飞地经济”——在天荒坪镇投资房屋不动产并租赁给镇政府作为矛盾调解中心。2021 年，公司实现营收 148 万元，利润 66 万元，年化收益率 6%。与传统的“公司 + 农户”模式相比，强村公司统一流转、统一开发的模式不仅能够提高农户议价能力，最大化资产价值，还有助于统筹产业发展，避免产业同质化和盲目扩张问题。此外，强村公司作为市场与农户的中间人，发挥了缓冲市场风险和兜底保障作用，避免农户收入受到直接冲击。

经营业务以劳动密集型、技术门槛低的服务业为主，兼顾资产安全和收益水平。对于村内产业基础薄弱的村庄，强村公司选择经营劳动密集型、技术门槛低的服务业。这类业务不仅有利于保障集体资产安全，减少利润波动，还能有效吸纳村内中老年人、妇女等老弱劳动力就业，增强发展内生动力。例如，安吉县天荒坪镇 5 个村“抱团”，共同出资 1000 万元设立强村公司——“五子联兴”强村公司，开展 5 个村的物业保洁和小型维修工程业务等。强村公司成立后接管了之前外聘公司从事的各村物业，并根据各村的人口规模、村域面积等收取 60 万 ~70 万元不等的物业费用。合并 5 个村的物业保洁项目使强村公司能够进行规模化运营。由于保洁人员大部分是本村村民，工作时也更尽心尽力，在不增加各村物业成本的前提下，改善了物业服务质量。2021 年，“五子联兴”强村公司营业收入 700 万元，利润 120 万元，每村分红 20 万元，收益率为 10%。

农村地区生态资源丰富，但价值核算难度大、市场小，难以用于发展集体经济。湖州是“绿水青山就是金山银山”理念发源地。为了加快生态资源价值实现，促进集体经济发展，湖州创造性地成立两山生态资源运营有限公司。两山生态资源运营有限公司是湖州城投集团全资子公司，其本质是一个交易平台。在供给端，两山生态资源运营有限公司依托强村公司等组织对分散的山、水、林、田、湖、草等自然资源摸底确权，评估其使用价值、生态价值后纳入交易系统。在需求端，两山生态资源运营有限公司着力开展招商，根据企业产业投资、节能减排等需要为其匹配合适资源并提供“打包式”交易服务。两山生态资源运营有限公司将净利润的 80% 返还村集体，用于增加集体经营性收入。例如，两山生态资源运营有限公司为投资乡村旅游的客商匹配投资标的，将发展旅游业所需的自然资源、建设用地和居民住房等资产打包作为整体与客商议价交易。两山生态资源运营有限公司还为需要节能减排的企业提供碳汇，提高绿电能耗占比，满足节能减排需求。安吉县毛竹林分布广泛，但由于市场价格低、砍伐成本高等原因，大量竹林处于无人养护状况。两山生态资源运营有限公司瞄准“双碳”目标下企业节能减排需求，积极挖掘竹林的碳汇价值，对各村竹林碳汇量进行科学评估后收储并对接有减排需求的企业。2022 年初，安吉两山生态资源运营有限公司按照每吨 73.45 元的全国碳交易市场价格向国家电网湖州供电公司销售 2000 吨碳汇，交易额 14.69 万元，其中 11.8 万元作为集体经济的收入返还。

（二）管理体制：突破行政区划限制实现优势互补，选拔村干部领导组建经营团队，创新监管手段确保资产安全

突破行政区划限制，多种方式组建强村公司。与村股份经济合作社相比，强村公司市场主体身份更加清晰、参股方式也更加灵活。湖州根据本地实际情况，发展出三种强村公司模式。一是独资模式，由集体资产丰厚、产业基础好的村集体独资成立强村公司。二是抱团模式，地理位置偏远、资源禀赋弱、产业发展条件差的集体经济组织与实力较强的村“抱团”，联合成立强村公司，实现资源互补。三是村企共建模式，根据产业发展需求，特别是集体经济资源不足的情况下，引入国有企业与集体经济组织共建，发挥国有企业在运营和资金方面的优势，推动强村公司发展。抱团模式和村企共建模式突破了股份经济合作社在行政区划上的限制，因地制宜，有效盘活集体经济各类资源。

初期选拔村干部领导组建经营团队，后期考虑引入职业经理人。在平衡成本和收益的基础上，强村公司发展早期阶段的经营人才主要从村干部中选拔。例如，强村公司董事长重点从政治素质好、具备经商办企业经验的村干部中选拔。虽然村干部在企业经营管理等专业知识上存在短板，但其发展意愿强烈、熟知村内情况、社会责任感强，能够满足早期发展需求。在此基础上，湖州市还规定乡镇和农村三资管理中心需选调干部下派至新成立的强村公司，与以村干部为核心的团队共同管理运营，确保公司平

稳起步。在强村公司积累一定利润后，根据业务需要考虑聘用职业经理人。例如，“五子联兴”强村公司聘用入股村余村前任党支部副书记李某经营公司，其人力成本远低于职业经理人。李某十分了解村内各户基本情况和基层治理方式，认为经营强村公司是为全体村民服务的好事，对经营公司十分有热情，加上具备经商经验，能够胜任管理工作。

积极创新监管方式和手段，确保集体资产安全。强村公司发展需要把确保资产安全和农民主体地位放在首位。湖州在严格集体资产监管的基础上，持续创新监管手段和机制。一是加快数字化政府下沉入村，为三资管理提供新手段，提高资源定价、统计分析、财务管理等方面的及时性和准确度。2021 年，浙江省农业农村厅印发《浙江省农村集体经济数字系统管理办法（试行）》，将全省农村集体经济纳入数字化管理，明确各类主体责任，加强资产运营动态管理。二是分级分类建立强村公司经营负面清单并划定监管范围，最大限度控制经营风险。例如，湖州市南浔区制定《南浔区强村公司分类管理实施办法（试行）》，按照经营管理状况将企业分为 A、B、C 三个类别，A 类企业可根据经营需求申请对外招聘经营管理人员，由区人才集团统一招聘，给予企业 300 万元以内贷款额度全额三年贴息补助；对 B 类企业给予一定程度的扶持，确保集体资产保值增值；有序推动 C 类企业整合或撤销。三是对于涉及村集体经济发展的重大事项严格审批，充分发挥巡察监督、专项审计监督、公司监事会全程监督作用，防止集体资产流失。

（三）利益共享：发展成果惠及全体村民，精准兜底弱势群体

集体经济发展成果惠及本集体所有成员是壮大集体经济的基本原则之一。强村公司发展最终要落脚到建立稳定的联农带农机制、促进农民稳定可持续增收上。

通过分红增加村民财产性收入。集体经济分红是实现村民对集体资产占有和权益分配的重要途径。村集体获得强村公司利润分红后，可以根据本村实际情况确定具体分配方案。例如，安吉县天荒坪镇余村将入股“五子联兴”强村公司获得的分红平均分配给村民，每人获得180元左右收入。南浔区和孚镇荻港村“两委”考虑到本村大量失地农民年龄增大，无法继续外出务工，因此，村集体将分红收入用于向70岁以上的老人发放福利。

通过产业在地化发展增加就业，提高村民工资性收入。本地运营劳动密集型产业的强村公司能够提供技术门槛低、劳动时间灵活的工作岗位，吸纳老弱劳动力就业，激活其内生发展动力。同时，由于村集体入股，强村公司全面掌握村民技能信息，能够快速匹配合适岗位，实现“人尽其用”。例如，“五子联兴”强村公司建立本村工程建设类、服务类可用劳动力名单，包括油漆工、电焊工、园林工人等多个类别，方便快速寻找短期用工。2021年，与“五子联兴”强村公司签订劳动合同的长期聘用员工达30人，其中3人为残疾人，公司的年工资支出达

150 万元。虽然工资性收入是强村公司发展的间接收益，总量有限，但其对于激活农户内生发展动力和实现乡村可持续发展意义重大。

村民依托强村公司开展多种经营，增加经营性收入。一、二、三产业融合有助于延长产业链，提高要素配置效率以及资产收益水平。强村公司发展融合产业能够发挥联农带农作用，为村民创造经营机会。例如，安吉县大竹园村与文旅公司合作开发村内旅游资源，开展村庄全域经营。全村农户几乎都参与民宿、餐饮等产业经营，拓展居民收入来源。该村年均吸引游客 50 余万人次，村民年人均纯收入超过 45000 元。

（四）治理创新：加强顶层设计，政府精准赋能推动市场化运营

目前，各地农村集体经济组织都已完成登记赋码和身份确认，但集体经济股权结构封闭、承担公共服务供给功能等导致其市场主体地位认可度低，融入市场难度大。强村公司是按照《中华人民共和国公司法》组建的市场主体，有专门的监管机构和运营规范，通过进一步理顺村“两委”和集体经济组织之间的关系，使集体经济能够充分参与市场活动。过去大部分集体经济发展需要依托外部企业，存在议价能力弱、资产回报低等问题。村集体经济入股强村公司参与运营确立了集体经济和农民的主体地位，改变了“企业吃肉、集体喝汤”的局面，使资产

收益最大化。

作为高质量发展建设共同富裕示范区，浙江承担了探索共同富裕路径和提供示范的重要任务。在农业农村领域，浙江根据示范区建设要求制定了《农业农村领域高质量发展推进共同富裕行动计划（2021—2025年）》，将发展集体经济作为缩小城乡差距、推动乡村振兴的突破性抓手。湖州市作为"缩小城乡差距"试点，将发展集体经济作为强化振兴基层党组织、建设"无差别城乡"的着力点。顶层设计为发展壮大集体经济的实践创新和制度创新提供了坚实基础，激发了基层积极性。

政府精准赋能，助推强村公司融入市场经济。在强村公司发展早期，政府针对资金不足和业务不足等问题进行精准帮扶，为公司发展提供初始发展动力。湖州市全面梳理劳务类、小额工程类、中介类等政府性公共资源，将技术难度小、总体造价低的小型工程交由强村公司建设，确保其能有保底收入。为解决发展启动资金不足问题，政府引入金融支持手段。湖州鼓励金融机构开发"强村贷"等金融产品，为强村公司承接项目提供总投资70%、最高500万元、期限不低于五年的信用贷款额度，贷款利率不高于贷款市场报价利率（LPR）。县乡财政给予3%的贴息补助，贴息期三年。更为重要的是，集体经济市场化运营需要理顺政府和市场关系。强村公司是独立的市场主体，政府支持政策要坚持市场导向，遵循市场和产业发展规律，提高集体经济发展的持续性和有效性（见表2）。

表 2　强村公司与传统集体经济发展模式比较

项目	强村公司	传统集体经济发展模式
运营模式	集体经济组织作为股东直接参与资产市场化运营	集体经济组织出租资产，依托外部企业开展运营
	强村公司作为农户与市场中间人，缓冲市场风险	农户直接与外部企业签订协议，直接承担市场风险
管理体制	打破行政区域限制，多村入股，联合经营	按照行政区划，各村分别开展经营
	选拔村干部组建经营团队	村干部负责协调，但不参与经营
利益共享	以分红形式增加集体经济收入	多以租金形式增加集体收入
	弱势群体可以通过村集体再分配提高收入	农户收入水平由流转资产决定
治理创新	集体经济组织参股，村“两委”不参与经营	村“两委”和集体经济组织合而为一，权责不明晰
	集体经济作为股东直接受益于政府各项支持政策	政府支持外部企业，集体经济间接受益

资料来源：根据相关资料整理。

四、经验启示与思考

面向乡村振兴推进共同富裕新任务，赋能集体资产、提高经营效率是欠发达地区巩固拓展脱贫攻坚成果、接续全面推进乡村振兴的重要路径，也是壮大农村集体经济、实现共同富裕的起点和基础。强村公司是各地为发展壮大农村集体经济而因地制宜开展创新的探索成果，结合欠发达地区的实际情况，强村公司的发展理念和实践创新可以提供有益借鉴。

丰富资产运营模式，创新资源价值实现机制。脱贫攻坚期间，大量扶贫资金投入贫困地区形成了规模可观的资产。截至

2020年底，中西部地区农村集体资产总量为2.7万亿元，其中经营性资产约占1/4。站在新起点，乡村振兴政策资源将会进一步扩大欠发达地区资产规模，夯实集体经济市场化运营的基础。下一步，欠发达地区要着力创新资产运营模式，加速各类扶贫资产与市场对接。例如，与“双碳”目标相结合，加快实现森林碳汇价值等。将壮大集体经济纳入东西部协作机制。例如，可利用东部地区的区位优势开展“飞地经济”，通过异地兴建的方式发展物业经济，拓展村集体经济发展空间，也可通过承接东部地区产业转移推动扶贫车间等可持续发展，激活欠发达地区资产。

强化基层人才队伍建设，加大对发展集体经济智力支持。开展集体经济市场化运营需要具备市场思维和经营能力的基层人才。2020年，浙江省的村“两委”成员中77%为致富带头人，为集体经济发展提供了宝贵的人才资源。而欠发达地区普遍面临人口空心化问题，村干部年龄偏大、受教育程度较低、缺乏市场意识等问题突出。下一步，欠发达地区需要将人才振兴纳入集体经济发展规划中，充分挖掘本地人力资源，鼓励能人、大户等参与集体经济运营。充分利用各类协作帮扶机制，加强基层人才队伍培养，增强村干部市场化理念和企业管理能力。

优化现有资产运营机制，将集体经济纳入利益联结机制。脱贫攻坚期间，欠发达地区通过开展不动产租赁、以扶贫资金入股外部企业等资产收益扶贫项目改善贫困人口生活，积累了一定的资产运营经验。但对标乡村振兴新任务，资产收益扶贫项目存在高度依赖外部企业、集体经济主体性差且较少被纳入利益联结机制等问题。下一步，欠发达地区需在确保资产安全和尊重市场规律的基础上，充分利用现有产业和发展经验，进一步优化已经建立的资产运营机制，将集体经济纳入运营管理和收益分配体系，探索稳定可持续发展模式。充分发挥集体经济中间人作用，缓冲市场风险对农户收入的冲击。考虑将集体资产运营成效纳入村干部考核，完善容错机制，激发其创新创业积极性。

执笔人：梁晓敏　张瑾

参考文献

[1] 申云，景艳茜，李京蓉．村社集体经济共同体与农民农村共同富裕——基于成都崇州的实践考察 [J]. 农业经济问题，2023（08）：44–59.

[2] 叶敬忠，胡琴．共同富裕目标下的乡村振兴：主要挑战与重点回应 [J]. 农村经济，2022（02）：1–8.

[3] 陈锡文．充分发挥农村集体经济组织在共同富裕中的作用 [J]. 农业经济问题，2022（05）：4–9.

[4] 王曙光，郭凯．农村集体经济的减贫效应与内在机理研究 [J]. 农村金融研究，2019（11）：3–9.

[5] 郑有贵．构建内生发展能力强的农村社区集体行动理论——基于发达村与空心村社区集体积累和统筹机制的探讨 [J]. 马克思主义研究，2017（12）：63–69.

[6] 卢祥波．共同富裕进程中的农村集体经济：双重属性与平衡机制——以四川省宝村为例 [J]. 南京农业大学学报（社会科学版），2022，22（05）：23–32.

[7] 唐丽霞．乡村振兴背景下农村集体经济社会保障功能的实现——基于浙江

省桐乡市的实地研究 [J]. 贵州社会科学，2020（04）：143–150.
[8] 徐凤增，袭威，徐月华．乡村走向共同富裕过程中的治理机制及其作用—— 一项双案例研究 [J]. 管理世界，2021，37（12）：131–152+196.
[9] 张行发，徐虹．新型村集体经济何以带动乡村共同富裕？——基于 ANT 视角的分析 [J]. 西北农林科技大学学报（社会科学版），2022，22（06）：11–19.
[10] 郝文强，王佳璐，张道林．抱团发展：共同富裕视阈下农村集体经济的模式创新——来自浙北桐乡市的经验 [J]. 农业经济问题，2022（08）：54–66.
[11] 杜志雄．共同富裕思想索源及农民农村实现共同富裕的路径研究 [J]. 经济纵横，2022（09）：21–29.
[12] 王宏波，李天姿，金栋昌．论新型集体经济在欠发达地区农村市场化中的作用 [J]. 西安交通大学学报（社会科学版），2017（04）：70–76.
[13] 陆雷，赵黎．从特殊到一般：中国农村集体经济现代化的省思与前瞻 [J]. 中国农村经济，2021（12）：2–21.
[14] 马良灿，李净净．从利益联结到社会整合——乡村建设的烟台经验及其在地化实践 [J]. 中国农业大学学报（社会科学版），2022，39（01）：91–104.
[15] 叶娟丽，曾红．乡村治理的集体再造——基于山东烟台 X 村党支部领办合作社的经验 [J]. 西北大学学报（哲学社会科学版），2022，52（03）：80–90.
[16] 中国科学院经济研究所农业经济组编．国民经济恢复时期农业生产合作资料汇编（1949—1952）（上）[M]. 北京：科学出版社，1957.
[17] 张英洪，王丽红，刘伟．农村集体经济组织发展历程回顾 [J]. 农村经营管理，2021（07）：17–19.
[18] 赵意焕．中国农村集体经济 70 年的成就与经验 [J]. 毛泽东邓小平理论研究，2019（07）：53–60+108–109.
[19] 丁关良．农村集体经济组织立法的若干重要问题研究 [J]. 湖南农业大学学报（社会科学版），2022，23（04）：64–75.
[20] 辛逸．“农业六十条”的修订与人民公社的制度变迁 [J]. 中共党史研究，

2012（07）：39–52.
[21] 辛逸. 实事求是地评价农村人民公社 [J]. 当代世界与社会主义，2001（03）：78–82.
[22] 王曙光. 中国农村 [M]. 北京：北京大学出版社，2017.
[23] 萧冬连. 乡镇企业“异军突起”的历史和机制分析 [J]. 中共党史研究，2021（05）：46–59.
[24] 马玉荣，张菀航. 正名止争，家庭联产承包开启农村改革大幕——1982 年、1983 年中央一号文件出台背后 [J]. 中国发展观察，2021（08）：7–11.

“一带一路”项目建设规则融入国际标准

——三峡集团巴基斯坦卡洛特水电站项目实践

【摘　要】2019年4月27日，习近平主席在第二届“一带一路”国际合作高峰论坛圆桌峰会上指出，我们期待同各方一道，完善合作理念，着力高质量共建“一带一路”。我们要把共商共建共享原则落到实处，做到集思广益、尽施所长、惠及各方。要本着开放、绿色、廉洁理念，追求高标准、惠民生、可持续目标[①]。共建“一带一路”，始终坚持把基础设施“硬联通”作为重要方向，把规则标准“软联通”作为重要支撑，形成以三峡集团巴基斯坦卡洛特水电站为代表的优秀项目，实现与共建国家共同发展、互利共赢。在项目实施过程中，一是深耕所在国市场，以商业可行性作为投资准则；二是推动中国水电技术标准“走出去”，培育储备当地技术人才；三是坚持专业化、国际化运营，主动对标最佳ESG标准；四是注重本地化，打造惠民生、可持续的绿色项目。卡洛特水电站项目为中资企业与国际资本在第三方市场开展合作提供了有益借鉴。第一，商业可行是卡洛特水电站

① 《习近平：高质量共建“一带一路”——在第二届“一带一路”国际合作高峰论坛圆桌峰会上的开幕辞》,《人民日报》2019年4月28日。

项目成功的首要原因。第二，通过“硬标准”推动中国技术标准“走出去”。第三，“软标准”上因地制宜对接国际最佳实践。第四，坚持共商共建共享开展项目本地化和社区投资。下一步，中资企业“走出去”要在规则标准制定、本地化以及打造绿色、负责任、国际化的企业形象等方面持续发力，推进高质量共建“一带一路”走深走实。

【关键词】“一带一路” 国际标准 可持续发展 卡洛特水电站项目

一、时代背景

2013年，习近平主席提出共建“丝绸之路经济带”和“21世纪海上丝绸之路”重大倡议①，以“中国方案”破解全球发展难题。自“一带一路”倡议提出以来，各方始终坚持共商共建共享原则，秉持开放、绿色、廉洁理念，以高标准、可持续、惠民生为目标，在开创国际合作新局面、打造互利共赢新通道、开辟贸易投资新空间、构建金融合作新模式、夯实民间交往新基础等方面取得重大成就。然而，一段时间以来，欧美国家对共建“一带一路”的质疑和指责不断，尤其是认为“一带一路”项目不遵循“透明度”“环境社会保障”“债务可持续性”等国际公认规则。

① 《习近平在周边外交工作座谈会上发表重要讲话强调：为我国发展争取良好周边环境》，《人民日报》2013年10月26日。

事实上，共建“一带一路”把基础设施“硬联通”作为重要方向，把规则标准“软联通”作为重要支撑。中国政府不断细化对外投资监管体系，提升国内外投资政策对生产安全、风险控制以及诚信经营的影响力，多次出台文件政策规范企业海外行为，倡导企业履行社会责任，加强对企业海外经营活动的监管，形成以中国长江三峡集团有限公司（简称三峡集团）巴基斯坦卡洛特水电站项目为代表的优秀案例。

卡洛特水电站项目由三峡集团、丝路基金和国际金融公司共同投资开发，是中巴经济走廊优先实施的能源合作项目和“一带一路”重点项目。长期以来，巴基斯坦能源发展急缺资金、技术和经验，电网老旧、发电装机容量总量低且集中度高，输配电设施落后、损耗大，经济增长和居民生活水平受到严重制约。巴基斯坦虽然清洁能源资源丰富，但总体开发利用程度较低。2013 年，巴基斯坦 40% 的电力供应来自火电，26% 的电力需求未能得到满足，高峰期电力短缺达 5000~6000 兆瓦，每天面临长达 16 小时的严重电力短缺。相比之下，巴基斯坦水电蕴藏量近 6 万兆瓦，2018 年已开发产能仅 8000 兆瓦，水电占一次能源使用比重仅为 7.7%。巴基斯坦北部工业中心和经济中心拉合尔夏季日停电时间达十余小时。作为“一带一路”六大经济走廊之一，中巴经济走廊建设十多年来取得了丰硕的成果，有力推动了巴基斯坦经济社会发展，特别是电力和交通基础设施建设快速发展。卡洛特水电站项目吸纳了国际资本和当地社会参与，真正做到了高质量、可持续、抗风险、价格合理、包容可及，获得巴基斯坦政府和国际社会充分肯定。

二、发展历程

卡洛特水电站位于巴基斯坦旁遮普省吉拉姆河上，总装机 72 万千瓦，总投资 17.4 亿美元。该项目是首个被列入《中华人民共和国和巴基斯坦伊斯兰共和国关于建立全天候战略合作伙伴关系的联合声明》的水电投资项目，也是中巴经济走廊第一个签署购电协议的水电项目。项目由三峡集团、丝路基金、国际金融公司共同投资的三峡南亚投资有限公司（以下简称三峡南亚公司）投资建设，业主方为卡洛特电力有限责任公司。项目采用建设—拥有—运营—转让（BOOT）方式开发，30 年运营期满后将转让给巴基斯坦政府，可以满足约 500 万人的用电需求。

2007 年 3 月，巴基斯坦政府通过国际竞争性招标寻找卡洛特水电项目投资方，中国水利电力对外有限公司[①]、哈尔滨电站工程有限责任公司和巴基斯坦 Associated Technologies 组成联营体中标。2010 年 7 月，ATL 公司代表联营体注册成立了卡洛特电力有限责任公司。2011 年 4 月，三峡集团通过联合投资开发卡洛特水电站初步框架协议，以“750 万美元现金 + 项目公司 7% 股权对应的资本金金额”获得项目前期研究成果和开发投资权益。2011 年 9 月，三峡集团成立三峡南亚公司。2013 年，三峡南亚公司将巴基斯坦政府通过的原卡洛特水电站设计方案改进为经济上更有效、技术上难度更低的方案。2014 年 9 月，卡洛特电力有限责任公司正式启动特许经营权协议的谈判工作。

① 2009 年成为三峡集团全资子公司，2023 年划转中国交通建设集团。

三峡南亚公司采用国际通行的“有限追索项目融资”模式，积极引进国际金融公司参股。2016 年 6 月，经过近两年的谈判和尽职调查，国际金融公司购买三峡南亚公司 15% 股权并完成交割，成为三峡南亚公司创始股东。2017 年 2 月，丝路基金在国际金融公司推动下购买三峡南亚公司 15% 股权并完成交割，成为创始股东。

2014 年 11 月，中巴签署《中巴经济走廊能源项目合作的协议》，卡洛特水电站被列为中巴经济走廊优先实施项目。2018 年 9 月，卡洛特水电站项目完成大江截流。2021 年 11 月，卡洛特水电站正式下闸蓄水。2022 年 6 月 29 日，卡洛特水电站全面投入商业运营。卡洛特水电站项目建设克服了诸多技术难题和复杂外部环境挑战，从整体上优化了巴基斯坦能源结构，在全球能源危机中帮助巴基斯坦应对“燃煤之急”。截至 2023 年 6 月，卡洛特水电站已累计发电超 36.4 亿千瓦时，可满足当地 500 万人用电需求，减排二氧化碳约 398 万吨，相当于节约标准煤约 159 万吨，有效缓解了巴基斯坦电力困境，进一步提升了巴基斯坦清洁能源占比。

三、主要做法

（一）深耕所在国市场，以商业可行性作为投资准则

以明晰的战略和充足的本地知识指导投资行为。项目投资

方对巴基斯坦电力结构性短缺、能源资源禀赋情况和营商环境具有充分认知，制定明确在地国市场发展规划目标。三峡集团在巴基斯坦运营时间长达40余年，将其视作重点战略投资市场。早在2011年中巴能源工作组第一次会议上，三峡集团就开始积极参与中巴能源合作，得到了两国政府大力支持。国际金融公司自1994年起投资巴基斯坦电力行业，重点关注低价可再生能源，是巴基斯坦能源领域最大投资者，长期以来积累了大量关键性本地知识。卡洛特水电站项目启动前，已有一些外国企业开始在巴基斯坦建造小型水电站，但始终没有企业涉足装机容量150兆瓦以上的大型水电项目。三峡集团和国际金融公司准确识别到巴基斯坦急需可负担、可持续电力供应，有的放矢投资卡洛特水电站项目，既符合当地需求，又经济可行，为项目的成功奠定了坚实基础。确定投资意向后，三峡南亚公司还针对项目所在地作了进一步知识积累。2013年，三峡南亚公司经过全面考察后着手优化巴基斯坦政府通过的原设计方案，使其更经济有效、技术难度可承受，并聘请国际顾问收集项目地区社会环境情况，编制了符合国际标准的《社会环境影响评估报告》《安全管理办法》《安全风险责任金管理办法》《综合应急预案》等其他相关管理制度。其中，《社会环境影响评估报告》详细阐述了项目可行性、需遵守的法律法规框架以及项目对水资源、地质和生物多样性的影响，获得巴基斯坦旁遮普等省环保部门和国际金融公司的批准。

坚持商业可行性为投资第一原则。卡洛特水电站项目不会因为高环境社会标准和项目所在地潜在社会风险而面临电价拖欠风险，其商业可行性是三峡南亚公司投资的原动力。一方面，根据特许经营权协议，巴基斯坦输配电公司作为购电方与项目公司签订购电协议，长期购买卡洛特水电站产出的容量和电量，并按约定支付电价。另一方面，巴基斯坦政府对电费支付提供担保，并承担巴基斯坦方导致的违约赔偿。此外，卡洛特水电站电费定价模式为“成本加收益”，投资合同中保障了 17% 的资本金收益率，高环境社会标准相关投入已核算在成本中，并不影响投资者盈利空间，还在一定程度上降低了投资者的环境社会风险。卡洛特水电站每年可提供 32 亿千瓦时廉价清洁能源，丰水期电力生产满发每月达 4 亿千瓦时，30 年运营期内电价为 7.57 美分 / 千瓦时[①]，可以用合理价格解决巴基斯坦 200 万个普通家庭一年的用电需求，有效缓解了巴基斯坦电力供需矛盾。

（二）推动中国水电技术标准“走出去”，培育储备当地技术人才

推动中国水电技术标准在巴基斯坦落地生根。巴基斯坦长期使用西方主导的国际技术规范，卡洛特水电站是巴基斯坦首个完全使用中国技术和中国标准建设的水电项目。在设计阶段，尽管前期已有国外咨询公司完成项目可研报告并提出“混凝土重力坝”设计方案，但是三峡南亚公司进一步深化细化地质工作，经过大量计算分析，基于更扎实的基础资料和更周全的考虑，提出了全新的、更为科学经济的“沥青混凝土心墙堆石坝”设计

① 2024 年巴基斯坦平均电价约为 0.13 美元 / 千瓦时。

方案。在建设阶段，面对建坝、排沙、防沙等工程难点，卡洛特水电站项目借鉴中国成熟经验和相关研究成果，并且在高沥青混凝土心墙软岩堆石坝设计、大单宽流量泄洪消能及防冲设计、软岩洞室群围岩稳定分析及支护措施研究等方面开展了大量科研工作，妥善解决了各类技术难题。建设过程中，卡洛特水电站项目所有设备装备均实现中国产，带动了中国29家国有企业超过3亿美元的机电设备出口。

注重管理经验、人才团队和相关技术“传帮带”。卡洛特水电站项目在用人上高度重视本地化，优先考虑当地移民，项目公司半数管理人员和一半以上建设人员是巴基斯坦籍员工，项目建设阶段共创造就业岗位超2200个，运营期间每年能够提供150~300个就业岗位以及专业技能培训机会。多数巴基斯坦籍工程师和工人来自旁遮普和周边省份，仅少数具有水电站建设经验，大多缺乏项目建设所需的基础技能。为此，一方面，项目团队不断改进管理激励措施，动员本地工人积极工作，自发组成工程小组，探索提高生产效率的工作方式。另一方面，项目团队采取中巴技术人员结对形式现场教学，制定了前期中方工程师牵头巴方人员跟随学习、中后期巴方工程师独立作业的方案，成立混凝土温控小组、溢洪道混凝土外观提升小组、大坝沥青混凝土小组和大坝灌浆技术小组4个“个性化”技术管理小组，最终实现大坝混凝土灌浆等作业指标质量居行业前列。此外，三峡集团还借鉴“精准扶贫”模式开展移民奖学金计划，通过校企、校校合作，选拔合格移民家庭生源提供全额奖学金，资助他们完成电气工程专业大学本科教育，并提供长期稳定的工作机会。

（三）坚持专业化国际化运营，主动对标最佳 ESG 标准

对标国际 ESG 标准提升运营水平。三峡南亚公司的自身定位是国际化平台和跨国企业，设立之初就确定了与资本市场对接、实现自身融资的发展方向。通过与国际金融公司和丝路基金股权投资合作，增强外国投资者、当地合作伙伴、其他债权人和政府机构等各方信心，打造与国际接轨的中国国有企业品牌形象。在治理体系方面，借鉴国际一流标准和最佳实践，根据与国际金融公司和丝路基金共同签署的《股东协议》，建立了符合公司实际情况的法人治理体系，各股东分别提名董事，并聘请外部董事共同参与公司治理，定期召开股东大会和董事会，公司治理运作高度国际化，并且能够顺应市场趋势进行自我调整。在诚信合规方面，公司积极践行《世界银行集团诚信合规指南》，并在国际金融公司团队帮助下依照上市公司最佳实践和规范量身打造了一套与国际接轨的高标准诚信合规制度体系，包括《诚信合规制度》《董事会成员及高管道德和商业行为准则》《公司商业行为准则》《诚信合规评估手册》《员工筛选制度》《第三方诚信合规尽职调查计划》《不当行为的揭发、举报、调查和整治制度》等。此外，三峡南亚公司根据不同阶段工作目标设立短、中、长期诚信合规建设目标：短期内努力满足投资者管理要求和监管机构监管要求，搭建形成诚信合规管理体系，实现设计层面控制要求；中期逐步实现体系自我运转，通过不定期评估发现问题，构建自我完善的管理机制；长期逐步建立公司特有的诚信合规道德文化氛围，把合规体系与日常管理融合，实现体系的持续自我提升和

长效保障。在环境社会标准方面，积极践行国际金融公司《环境和社会可持续性绩效标准》，制定包含20项管理框架和8项标准化流程，覆盖安全、环境、社会、职业健康等多方面的《健康、安全、社会和环境管理制度手册》，并为卡洛特水电站项目制定了符合国际金融公司标准的《生物多样性管理计划》和其他20个特定场地环境和社会管理计划以及《社会环境影响评估报告》。有效监管方面，卡洛特水电站项目公司不仅自身定期进行巡查监管，还同时接受银团和巴基斯坦当地政府监管。项目公司作为管理主体，对项目各方进行随机抽查。银团作为外部监管方聘请技术顾问，对项目公司和承包商进行季度巡视检查。此外，还聘请澳大利亚雪山公司、上海勘测设计研究院有限公司和上海东华工程咨询有限公司组成联营体，负责项目建设期监理工作，既对项目关键工序进行验收，也对承包商开展监管。

坚持“就高不就低”原则。卡洛特水电站所处地理位置特殊，受到多个政府部门监管，包括巴基斯坦联邦政府、巴基斯坦中央电力采购（担保）有限公司、旁遮普省政府、旁遮普环保局和巴基斯坦国家电力监管局等。三峡南亚公司严格遵守当地法律法规。在廉洁合规方面，严格执行巴基斯坦国内反腐法律法规和其签署的国际反腐公约，包括1860年《刑法》、1947年《预防腐败行为法案》、1999年《国家问责条例》等，以及巴基斯坦签署的《联合国反腐公约》《世界银行集团诚信合规指南》《经合组织禁止在国际商业交易中行贿外国公职人员的公约》《亚太地区反腐行动计划》和《亚洲审计组织反舞弊和腐败指南》等。在环境社会政策方面，巴基斯坦各省参照《国家环境质量标准》制定了执行标准，但该标准相对国际标准还有完善空间，三峡南亚公司“就高不就低”，聘请国际顾问编制符合国际标准的《社会环境影响评估报告》，并且在征地拆迁补偿、交通事故补偿、最低工资、加班工资等方面参考更高的国际金融公司标准执行。

循序渐进地理解和遵循国际 ESG 标准。在适应国际 ESG 标准的过程中，三峡南亚公司坚持“高层推动、基层贯彻、整体提高认识”，不仅严格要求员工尽快学习理解国际金融公司标准，还尽力弥补与承包商间的认知断层，确保所有项目参与方都充分理解并遵循国际金融公司《绩效标准》。国际金融公司委托银团技术顾问定期对项目现场进行巡视检查，涵盖社会环境影响评价、劳工、污染防治、社区健康和安全、土地征用以及生物多样性等。银团技术顾问在首次检查中发现的技术类高风险问题数量达 10 项，健康安全环境高风险问题数量达 12 项。随着项目各参与方不断探索实践，在检查和改进中学习理解、提高认识，项目管理水平逐步提升，高风险问题数量呈快速下降趋势，获得了国际金融公司的高度认可。在 2020 年 4 月开展的第 11 次检查中，健康安全环境类高风险问题降为 1 项。国际金融公司驻巴基斯坦首席代表赫瓦尔表示，国际金融公司期望通过股权投资与三峡南亚公司分享专业知识和资金，构建完善的治理结构和制度框架，帮助三峡南亚公司以更可持续的方式从市场上动员资金、募集资本，成长为遵循国际 ESG 标准的国际能源公司。

（四）注重本地化，打造惠民生、可持续的绿色项目

深入社区广泛交流践行“共商”原则。卡洛特水电站项目所在地不仅是大量居民的生活和经济活动场所，还具有陆地和水生物多样性价值特征。项目涉及16个村庄，对186户居民和78家商业设施具有直接影响，需要进行物理或经济上的搬迁。建设高峰期，项目雇用劳工约5500人，人口流入对商品、服务成本以及本地公共安全、社会凝聚力会产生影响。在三峡南亚公司和项目公司进入卡洛特水电站项目前，原项目环境评估团队就已在当地社区组织了多场摸底会议，并明确了受影响居民主要关切，包括合理的资产损失补偿以及及时、透明的现金补偿赔付。项目公司介入并调整水电站设计后，作为国家层面环境和社会影响评估的一部分，于2014年6—7月组织了一系列磋商活动。与此同时，项目人员及环境和社会影响评估顾问与巴基斯坦相关政府部门、业务代理商及公民社会组织会谈，告知项目规划与潜在影响。除公开会议、针对性小组讨论和单独磋商外，项目公司在项目周期内不断更新《利益相关方管理方案》，总结所有已完成的利益相关方参与情况。项目公司还设立正式的投诉机制，由社区联络员记录利益相关方投诉，与承包商、项目公司管理层一道寻找解决办法，并定期发布投诉概况和解决进度。

制定最适合的公平补偿方案。卡洛特水电站项目地跨吉拉姆河两岸，总征地面积为1104公顷，范围涵盖旁遮普等省三市三县五个乡镇的16个村、186户家庭和78家商业设施共约898人（包括实体迁移和经济迁移人口），涉及范围广、跨行政区域多。

同时，由于当地国情特殊，项目征地移民工作经历了诸多困难，问题主要集中在：一是项目修建水坝需要征用森林土地，但当地法律规定森林土地不可征用；二是有的地区地价较高，依此支付补偿地价势必引起其他地区移民的不满。为此，项目团队上下沟通，以最短的时间促成了旁遮普省议会修改有关森林征地的法律，并且在通过、执行新法律的等待期内说服当地政府承诺在融资关闭后一年内完成森林征地手续，向银行发出“安慰函”。针对补偿地价，三峡南亚公司按照国际金融公司《绩效标准》等国际标准，对巴基斯坦《征地法案 1894》征地补偿要求进行了评估并作出相应调整，并聘请了独立的第三方开展土地和固定资产的估值工作。项目征地移民团队还挨家挨户拜访旁遮普省移民，在政府认可、不引起其他地区移民不满的前提下，以恰当方式补齐土地差价，并在提供合理货币补助外协助搬迁。此外，三峡南亚公司还将三峡集团在长江三峡工程中积累的移民管理经验用到了卡洛特水电站项目中，引进在国内使用的水电工程移民管理信息系统，联合技术团队升级开发原有系统，大幅提高了移民工作效率，更高效精准地对移民数据进行追踪统计。

积极履行企业社会责任。卡洛特水电站项目主动开展社区投资，为当地民生作出了卓越贡献。一是协同巴基斯坦公路局改善往返工地的道路条件，同时通过公路维修维护、司机培训、限速限重等方式保障周围居民的安全和道路使用。项目建设或改造公路 11 公里，建设两座钢筋混凝土公路桥梁、一座悬索步行桥、1.3 万平方米的永久住房。二是通过社区投资计划在周边建设了多个民生项目，如学校、医院、清真寺、公园等。三峡南亚公司投入 600 万美元支持建设的卡纳达学校、BHU 医疗所和卡胡塔学校均已建成并移交当地政府。三是联合巴基斯坦旁遮普大学、江西理工大学实施移民奖学金计划，选拔合格移民家庭生源参与中巴高校“2+2”大学本科学历联合培养。首批 18 名移民子弟已于 2017 年通过选拔入学，其中来自卡洛特水电站影响区的学生有 3 人。四是制订环境保护专项规划，投资 1.5 亿元多措并举保护生物多样性和当地环境。项目在工程影响区提前开展生态环境保护宣传教育，在施工前基于对所在地生物多样性深入调研，制定了《生物多样性管理计划》，在工程完工后第一时间恢复工程影响区的生态环境和景观，并联合巴基斯坦世界自然基金会为 Murree–Kotli Sattian–Kahuta 国家公园生态保护提供支持。此外，为降低卡洛特水电站项目和公司其他水电站项目对吉拉姆河的累积影响，三峡南亚公司还制定了覆盖全吉拉姆河流域的《生物多样性行动计划》。

四、经验启示与思考

作为中巴经济走廊首个水电投资项目，卡洛特水电站在技术上是巴基斯坦首个完全使用中国技术和中国标准建设的水电项目，对中国水电走向国际有深远意义，为促进巴基斯坦能源体系和经济社会发展、纾解巴基斯坦用电紧张困难、促进当地可持续发展、高质量共建“一带一路”作出了重要贡献。

（一）商业可行性是项目建设成功的首要原因

商业可行性是国际资本投资的首要考量。三峡南亚公司致力于提供与生态和社会环境相协调的可靠低价清洁能源。通过在发展中国家开拓绿地建设项目、并购整合有价值的资产，努力促进国内先进产能输出，同时帮助三峡集团探索从工程承包商到投资运营商转型。面对融资需求和盈利压力，必须注重项目可行性和可持续性。卡洛特水电站水利开发条件好，融资定价模式能够保障以低廉的价格提供充足、稳定的清洁能源，符合巴基斯坦当地经济社会发展需要，更能在环境、社会及项目开发公司治理等方面符合可持续发展要求，具备吸引投资的良好条件。

首先，卡洛特水电站自身具有很高的开发性，对巴基斯坦经济社会发展具有重要意义。卡洛特水电站每年发电量相当于巴基斯坦2017年全国水电发电总量的10%，能够极大缓解巴基斯坦电力短缺，促进巴基斯坦能源结构优化升级，还为当地创造大量就业机会。此外，卡洛特水电站项目还能减少巴基斯坦对进口化石燃料的依赖，有利于缓解巴基斯坦债务风险。其次，三峡南亚公司高度重视投资效益。三峡南亚公司专注提供与生态和社会环境相协调、可靠低价的清洁能源，对巴基斯坦当地情况了解深入、战略明晰，开创了规划入手、高端进入、流域开发权获取的巴基斯坦国际业务经营模式，先后获取了吉拉姆河上的卡洛特、科哈拉、玛尔三座水电站的开发权，通过整体开发提高投资效益，采取BOOT开发方式、特许经营权协议和政府担保的运营模式以及“成本加收益”的定价模式，有效保障了项目的投资回报。最后，三峡南亚公司将自身定位为国际投资运营商，通过市场化投融资，使用国际通行的“有限追索项目融资”模式吸引国际金融公司和丝路基金参股，不仅提高了公司项目的信用度和各方信心，还提升了公司自身能力和形象。

（二）在“硬标准”上推动中国技术标准“走出去”

标准意味着市场和话语权。改革开放以来，中国水电工程保持高速增长，水电装机量和发电量增长幅度超过20倍，分别占全球总量的27%和28%，水电工程技术已处于世界领先水平，并已形成涉及各阶段、各专业的相对成熟完备的技术标准体系。据了解，全球超半数水电工程由中国企业承建，七八成的水电建造合同由中国企业签订，但是甲方仍旧习惯使用欧美工程规范标准。卡洛特水电站是巴基斯坦首个完全使用中国技术和中国标准建设的水电项目，是三峡集团整合中国水电设计、使用、装备与建设管理全产业链编队出海的示范项目，对中国水电“走出去”有深远意义。卡洛特水电站项目建设过程中不仅培训了精干的本土化工程队伍，针对其运营维护还为巴基斯坦培养了一批专业化的水电基础人才，这些人才又成为中国技术和中国标准最好的践行者和推广者。然而，中国技术标准推广仍面临不少现实困难。例如，中国水电及相关行业标准缺少公开发行的英文版本，难以在国际上进行推介。中国工程建设人员外语水平欠佳，导致中巴员工间沟通不畅、缺乏交流，延缓了中国标准的推广。中国技术标准的翻译编制迫在眉睫，对中国技术人员外语能力培训亟须提上日程。

（三）在“软标准”上因地制宜对接国际最佳实践

长期以来，中国境外投资和商业活动习惯于以东道国的法律法规为准则规范“走出去”企业的行为。《商务部办公厅关于进一步做好对外投资合作企业环境保护工作的通知》《关于推进绿色“一带一路”建设的指导意见》指出，有关企业海外投资所遵循的环境等影响标准的指南意见为在缺乏东道国监管时采用“国际标准替代”，并不要求企业在国际标准和东道国标准之间采用更高标准。然而，许多共建“一带一路”国家法制不够健全、执法力量薄弱，导致解决争端时出现东道国“无法可依”、母国法律法规“长臂难及”的问题，一定程度上造成中国企业海外投资环境社会行为标准“就低不就高”的局面。直到2022年，生态环境部和商务部联合印发的《对外投资合作建设项目生态环境保护指南》中才更新有关要求，建议企业“东道国（地区）没有相关标准或标准要求偏低的，在生态环境保护许可的基础上，鼓励采用国际通行规则标准或中国更严格标准”。

三峡集团以建设国际一流企业为目标，开展符合东道国要求以及国内国际标准的最佳ESG实践。一方面，这是因为三峡南亚公司有很强的内在驱动力。国际金融公司作为小而强的股东，在名誉、诚信经营、环境保护、移民、社会关系等方面有一票否决权。正是国际金融公司的不妥协和三峡集团管理层积极转变的决心，帮助三峡集团培育了践行国际最高标准的意识和惯例。另一方面，三峡集团转型投资运营商后，对项目的标准实践有更大掌控力，可以实现从上至下对承包商的高标准严要求。事实证明，国际标准并非高不可及，中国企业不仅有能力做到，成本也是可控的。卡洛特水电站项目领导团队高度重视对高标准的遵循、推动落实国际标准。工作团队在项目实践中逐渐理解标准内涵、建立标准意识，再将这些知识反馈给领导团队，从而在企业内部甚至是整个产业链中培育出践行国际最高标准的意识和惯例，获得了国际金融公司和巴基斯坦政府的高度赞赏和认可。三峡南亚公司相关负责人将这种学习过程总结为“从上到下的推动，从下到上的领悟”。卡洛特水电站项目所采用的 ESG 标准已推广至三峡南亚公司其他项目。不仅如此，项目遵循更高的“软标准”所带来的主要额外成本是人力成本，如雇用有社会环境影响专长的管理层员工。项目公司估算显示，这些成本分摊到电价上影响微乎其微，并没有大幅增加项目成本。

值得注意的是，所谓“国际通行规则标准”不一定是适用于所在国的“最佳实践”。目前大多数“国际规则”主要由发达国家推动制定，中国以及广大发展中国家参与程度有限，部分规则也因对发展中国家要求过高而不具有可适用性。卡洛特水电站项目没有照搬国际准则，而是遵循问题导向、循序渐进、与发展阶段相吻合的原则，因地制宜找到最适合当地的方式。例如，项目移民搬迁补偿方案综合考虑了国际金融公司等的国际标准、巴基斯坦当地法律法规的征地补偿要求、市场地价、第三方土地和固定资产估值以及受影响居民的意见，最终获得了政府的认可和移民的信任和尊重。

（四）“共商共建共享”助力构建品牌软实力

三峡南亚公司在卡洛特水电站项目设计、建设和运营中坚守“建好一座电站、带动一方经济、改善一片环境、造福一批移民”开发理念，多措并举保护生物多样性和当地生态环境，积极投资社区建设，努力实现共享和惠民生目标。在此过程中，三峡集团不仅提升了自身国际化经营水平，也通过促进当地经济发展、改善民生让项目所在地人民群众感受到实实在在的好处，成为中国软实力的名片。卡洛特水电站项目得到了国际社会、巴基斯坦政府、社会和当地社区的充分肯定，先后获得巴基斯坦社会责任奖、巴基斯坦国家电监会“企业社会责任坚定履行者”等多个奖项。

中央企业品牌形象是国家软实力的重要组成部分，是影响国际社会对华舆论和认可度的重要因素。作为共建“一带一路”的重要主体，中央企业承担了一大批基础设施建设、能源资源开发、国际产能合作、产业园区建设等具有示范带动作用的重大项目和标志性工程，在不少行业领域已由“跟跑者”转变为“并行者”“领跑者”。在“走出去”过程中，中国企业具备较强的工程建设、资金支持等优势，但是在规则标准制定、本地化以及打造绿色、负责任、国际化的企业形象等方面仍待加强。通过“共商共建共享”积极开展项目本地化和社区投资，不仅是企业履行社会责任的重要方式，更是项目可持续运营、企业占据当地市场份额和长远发展的重要保障。很多共建“一带一路”项目所在国的营商环境和法治建设有待加强，应妥善处理与当地合作方、社区和群众的关系，最大程度降低项目推进的执行难度，并在发生突发和紧急状况时及时获取信息，得到必要的帮助与支持。

执笔人：朱清逸

高水平开放下打造航运经济新高地*

——“五位一体”平台的深圳前海实践

【摘　要】航运作为全球经济贸易最主要的载体，深刻影响着世界格局，见证世界强国与地区兴起，也是我国经济社会发展的重要支柱。党的十八大以来，习近平总书记多次强调建设海洋强国，明确指出经济强国必定是海洋强国、航运强国①。党的二十大报告再次作出发展海洋经济、保护海洋生态环境、加快建设海洋强国重大部署。深圳前海毗邻港澳、濒临南海，既是粤港澳大湾区核心区域，又是“一带一路”重要节点。深圳港的繁荣为前海航运经济发展带来了机遇，绿色、智慧、港城融合成为前海未来的发展方向，推动航运经济不断转型升级。前海推进航运经济高质量发展，通过制定航运经济规模化、高端化、国际化、智慧化四大任务，围绕港、航、产、城、技术“五位一体”打造五大高质量发展平台。近年来，前海航运经济发展取得积极进展，呈现出一些航运经济发展的共性特征，可为其他港口城市提供借鉴。第一，加强总体规划是航运业科学发展的重要前提。第二，

* 此案例部分内容已在《水运管理》2024 年第 7 期刊发，原标题为《推动航运经济高质量发展》。

①《习近平在上海考察》，新华社，2018 年 11 月 7 日。

绿色智慧是港航融合发展的未来方向。第三，航运金融和海事仲裁是高端航运服务业发展的关键之举。第四，航运制度创新构建与国际接轨的航运服务体系。第五，着力提升全球航运资源配置能力。第六，战略型航运人才队伍是航运经济可持续发展的基础保障。

【关键词】航运经济　航运服务业　高质量发展　前海

一、时代背景

推动形成双循环新发展格局，是未来我国经济高质量发展的重要方向，也是航运经济对内辐射不断向纵深拓展的难得机遇。新发展格局下，高端要素将进一步向京津冀、长三角、粤港澳大湾区、成渝地区双城经济圈四大城市群集聚，这为航运经济面向内陆拓展市场、支撑双向要素流通创造了有利条件。“十四五”时期，深港“双城三圈”等政策规划以及粤港澳大湾区航运发展联盟等重大战略，对推动大湾区基础设施互联互通，促进深圳、广州、香港港口错位发展提出新要求。

一方面，深圳被赋予建设全球标杆城市的战略使命。前海需按照港城融合发展、运输绿色低碳、服务智慧高效发展思路，支撑深圳构建现代化流通体系。航运经济高质量发展在优化营商环境、打造国际枢纽港等方面发挥积极作用，是前海建设国际航运中心的重要组成部分。另一方面，加快交通强国建设要求全力推动航运经济可持续发展。前海具有得天独厚的深港合作优势和经济基础，依托海、陆、空一体的全国交通枢纽地位，推动航运经济可持续发展，能够更好服务交通强国建设战略总体目标。

从全球范围看，随着全球经济重心转向亚太地区，航运业也呈现以亚洲为中心的发展趋势。新加坡、中国香港等地逐渐成为全球航运枢纽，全球船舶、港口、海运业务逐步向亚洲转移。作为世界第二大经济体，中国近年来航运业发展取得长足进步，在港口吞吐量、船舶总吨位、运输船队规模等方面发展迅速，航运业蓬勃发展为航运经济集聚奠定良好基础。上海、宁波—舟山、青岛等主要港口开展海运港口业务同时都高度重视航运业发展。

从全国层面看，前海依托深港超级港口群，具有打造港深航运服务核心平台的巨大优势，处于国家战略性门户枢纽地位，是中国开展国际贸易与经济活动的重要平台。航运经济中心是国家赋予前海的重要战略定位，通过吸引航运服务要素在前海集聚，将前海打造成航运经济先进发达的示范区，更好为我国建设海洋强国提供有力支撑。《前海深港现代服务业合作区总体发展规划》明确提出将航运服务业作为重点支持产业，前海在发展航运服务业的同时，也肩负着探索航运经济发展模式与路径的重要任务，其先行先试经验可以为国内其他港口提供参考借鉴。

从湾区要素看，前海依托香港国际航运中心，应充分发挥香港特殊区位资源优势。深圳国际仲裁院国际化程度高，拥有大量港籍仲裁员，具有专业优势和商脉资源。香港金融业发达，深港合作打造“航运 + 金融”的发展模式具有广阔创新空间。前海与香港在航运经济方面合作，既可以巩固香港的全球航运中心地位，也能提升前海作为新兴现代服务业合作区的地位。今后一个时期，前海航运经济的发展将成为带动粤港澳地区经济增长的重要引擎，为“依托香港、服务全国、面向世界”的宗旨作出新贡献。

二、发展历程

近年来，深圳港依托优越地理区位，已建成世界级集装箱枢纽港，集装箱吞吐量常年位居世界前列，为进一步推动前海航运经济发展创造了有利条件。从积极谋划高端航运服务业顶层设计，到初步构建全方位航运经济体系，前海航运经济伴随着深港现代服务业合作区改革不断深化，大致经历了三个阶段。

（一）制定高端航运经济顶层设计

2018 年 1 月 31 日，《中国（广东）自由贸易试验区深圳前海蛇口片区管理委员会关于加快发展高端航运服务业的指导意见》出台，在强化航运服务体系建设、推动绿色安全航运发展、推进航运要素快速集聚、改善航运业营商环境、推动航运科技创新、积极发展航运金融业等方面明确了前海航运经济的未来发展方向。随后出台的《深圳市前海深港现代服务业合作区高端航运服务业专项扶持资金实施细则》提供了具体的配套措施和资金支持。

总体来看，前海旨在通过改善航运营商环境、推进航运要素集聚、发展航运金融等促进航运要素在前海集聚，进而带动航运经济转型升级，向高端服务业方向健康发展。

（二）支撑传统服务业转型升级

香港不仅是亚太地区航运中心，也是全球海运服务业的“衔接点”。前海最大的区位优势就是依托香港，打造高端航运服务业集群。一直以来，前海高度重视在航运领域加强深港合作，在传统航运服务业发展受限条件下，利用香港的区位和自由港政策优势，积极发展海事保险和仲裁、船舶交易、船舶管理、海员培训和外派、船舶经纪、船舶融资等业务，扩展高端航运服务业空间，提升航运经济综合竞争力。通过多年来与香港紧密合作，前海已成为航运服务业发展的重要载体，而航运经济发展又在很大程度上提升了深圳港的全球竞争力。截至 2023 年底，前海共拥有 7 个港口码头、覆盖 11 个行业门类的 2000 余家注册涉海企业，且大部分涉海企业为高端服务业，前海航运服务业整体向高端业态迅速迈进。

（三）构建全方位航运经济体系

前海航运经济体系依托于各类产业，但又不是产业的简单叠加和集聚，而是由人流、物流、商流、信息流、资金流等将航运各产业上下游打通而形成的各类要素彼此联系、相互影响的有机整体。前海基于港口物流优势，依托大数据、云计算、物联网等先进技术，逐步形成港、航、产、城、技术“五位一体”融合发展的航运新模式，打造人、物、资金、商业、信息彼此交互、协同发展的航运经济生态体系（见图 1）。

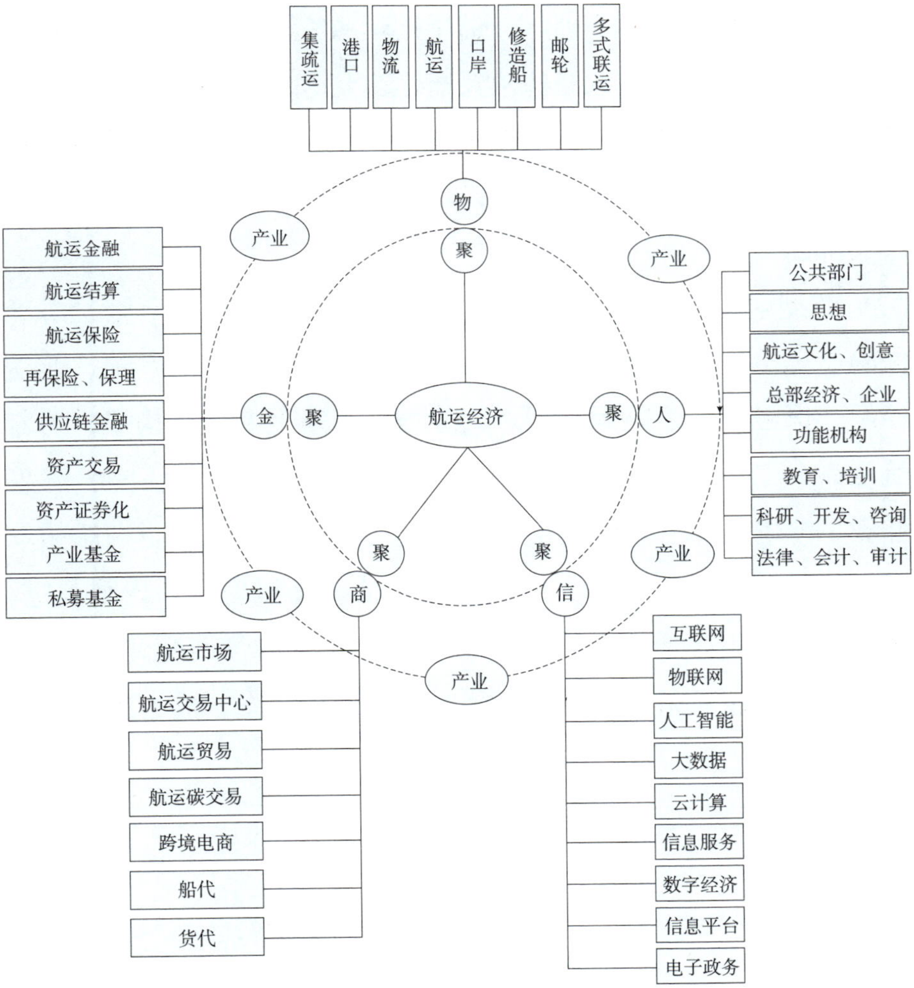

图 1 港、航、产、城、技术“五位一体”

资料来源：根据相关资料整理。

具体而言，基础设施集聚要求航运经济依托于港口、物流、航运、口岸、邮轮，集多式联运、修造船、集疏运功能于一体。资金集聚要求航运经济融合金融元素，大力发展航运保险、航运结算、供应链金融等，引入产业基金和私募基金，推动航运资产交易证券化。商业集聚要求航运经济依托航运市场和航运交易中心，在传统航运贸易基础上，催生航运碳交易、跨境电商等新业态。人流集聚要求航运经济依托航运文化和总部经济特征，辐射带动第三产业，开展与航运相关的文创、教育、培训、科研、咨询、法律、会计、审计等服务，培育围绕航运经济的功能机构和公共部门。

新型业态代表航运经济的发展方向，包括航运金融、海事保险、海事仲裁、航运交易、航运价格衍生品、船舶登记、航运经纪、保险公估、航运组织、人才培养、航运专业机构等，涵盖航运融资、担保、船舶贷款、船舶险、货运险、责任险、海事仲裁、海事法律、船舶买卖、船舶租赁、航运指数期货、船舶登记、船舶买卖信息服务、船舶风险评估、海损理赔、规则制定、船舶检验、国际通用航运人才培养、专业航运咨询研究等领域，这些行业将在未来逐步取代传统业态和现代业态，成为航运经济的主体。

三、主要做法

按照“港口与现代航运服务业并重”的发展原则，致力于将前海港口打造成绿色低碳、智慧高效、引领亚太、辐射全球的全球湾区核心枢纽海港。近年来，前海以综合性强港为依托，不断增强国际航运综合服务功能，促进现代航运服务业集聚发展，努力打造成为世界一流港口和国际航运经济中心。为此，前海聚焦航运经济规模化、高端化、国际化、智慧化四大任务，围绕港、航、产、城、技术打造五大高质量发展平台。

（一）推动航运经济规模化、高端化、国际化、智慧化

一是集聚航运要素，推进航运经济规模化。发展航运经济的本质在于要素和资源集聚，从而降低交易成本，为各种业态的发展壮大创造空间。前海集聚现代航运要素，为成为国际航运中心奠定基础。目前，前海围绕西部蛇口海洋科技创新走廊和东部盐田向海发展走廊，吸引不同特色大型航运企业总部和运营中心落户。通过打造自己的总部经济集聚区，为船舶管理、航运代理、船员劳务、航运经纪等行业的高端化规模化发展提供充足空间，进而为航运融资、公估、资讯、保险、经纪、理算等现代航运企业的培育提供沃土。

二是创新航运业态，推进航运经济高端化。以水上运输、港口服务、船舶修理、供应服务等为主的传统航运服务业无法支撑前海航运经济可持续发展，邮轮经济、航运金融、航运法律才是前海的未来。前海实现航运经济高质量发展的第二个任务就是不断推进航运业态高端化。借鉴其他城市成功经验，金融和法律成为前海发展航运经济的重要抓手。深圳是金融业发达的城市，前

海依托深圳金融资源为航运业的发展提供充足资金支持，并通过激活航运金融各类形态，参与国际航运金融市场资源配置。依托深圳海事仲裁机构，大力拓展海事仲裁业务，吸引全球航运业仲裁案件，建立海事律师事务所，打造深圳航运金融和航运法律的国际名片。

三是提升开放水平，推进航运经济国际化。前海作为“特区中的特区”，以更加开放包容的心态借鉴国外先进经验，进一步提高开放水平，在科技、人才、产业、供应链等方面加快与国际标准接轨。航运业是国际属性最强的产业之一，航运经济具备触达全球的特征。前海推进航运经济国际化，不仅在于港口条件、船舶修造等硬件方面的提升，更在于用国际化制度和管理模式指导航运业发展。充分发挥深港合作优势，以全球业务为主导，大力推进船舶登记、船舶管理、税收制度的国际化，将前海打造成面向世界的最前沿窗口。

四是打造航运人才培训基地，推进航运经济智慧化。航运业可持续发展的动力在于源源不断的高质量人才供给。航运经济规模化、高端化、国际化的基础都在于高端航运人才的支持，即航运经济的智慧化。前海不仅要成为航运人才的集聚地，也要成为全国航运人才的培育地。一方面，与知名高校共建航运人才培训基地，打造专业化、规范化、高水平人才培训中心。另一方面，推出税收优惠和激励政策，吸引全球航运高端人才集聚前海，服务前海航运经济发展。此外，还加强高端智库集聚，抢占航运经济理论和实践研究制高点，使前海成为国内首屈一指的航运经济智库中心。

（二）打造“五位一体”航运经济高质量发展平台

打造高质量航运基础设施平台。航运经济主属服务业范畴，但只有国际一流的基础设施才能有效串联土地、技术、劳动力、数据等生产要素，让人流、物流、资金流、商流、信息流在航运经济服务区自由流动。高质量基础设施平台包括港口、物流、航运、口岸、邮轮、多式联运、修造船、集疏运等功能的建设。前海实施陆海空多式联运、枢纽联动，建设粤港澳大湾区组合港，创新构建通关物流平台。同时，为全球知名航运企业提供具有吸引力的硬件设施，为其规划合适的办公用地，吸引其入驻前海、服务前海、发展前海，为航运经济发展提供充足的物质基础。

打造高质量现代航运交易平台。航运经济的集聚要求前海建立现代化航运市场，打造区域性航运交易总部。航运市场建设的核心是航运要素交易，重点是做好系统规划，依托前海产业基础和区位优势，在邮轮公司，大型物流企业，海事法律、航运金融和保险等机构的集聚区搭建现代化的航运交易所，便于区域内航运要素能自由流通，使前海能充分发挥企业成群、产业成链、要素成势的核心功能。建立健全现代航运交易机制，积极开放创新航运衍生品交易，从而带动航运业整体向高端发展。

打造高质量现代航运信息服务平台。信息集聚要求推动前海航运经济数字化转型，充分利用物联网、人工智能、大数据、云计算等先进技术，构建优质信息服务和电子政务平台。搭建信息服务平台是航运软实力建设的重要一环，及时准确的信息服务能大幅提升市场交易效率，凸显现代航运服务特色。全球经济已经进入大数据时代，数据作为重要生产要素之一，必将在与航运经济的融合发展中发挥更加重要的作用。政府、企业和行业协会通过接入航运信息服务平台，企业提高经营水平，行业协会整合服务功能，政府提高调控精准度，协同完善现代航运经济体系。

打造高质量现代航运金融服务平台。资金集聚要求前海航运经济融合金融元素，大力发展航运保险、航运结算、供应链金融等业务。引导建立航运产业基金，以船舶融资和航运保险业务为主体，创新金融产品，推动各业态金融联动。依托航运信息服务平台，参与国际航运市场投融资业务，优化资金配置，提高投资回报率。试点航运金融创新基地，允许相关金融创新业务在一定范围内先试先行，取得成功后再全面推广。

打造高质量航运科研创新平台。前海依托航运产业集聚的总部经济特征，积极抢占科研创新高地，这是在国际航运中心竞争中占据优势地位的关键。建设高端复合型人才培养基地，支持高校航运类专业学科建设，强化理论学习和专业素养。建设航运经济知识创新研发基地，推进与企业、高校及科研院所的产学研一体化合作，加快海洋精密仪器、船舶及零部件维修、钻井平台制造等高端设备领域研发。建设先进产业的研发、生产和运营中心，构建海洋制造业和航运经济高端服务体系。

四、经验启示与思考

第一，加强总体规划是航运业科学发展的重要前提。前海航运经济的总体战略是通过港、航、产、城、技术“五位一体”的布局规划，将航运经济打造成为人、物、资金、商业、信息彼此交互、协同发展的生态体系。为保障总体规划的顺利实施，前海成立高层次领导协调机构，强化组织保障，政府有关航运发展的部门负责人和大型航运企业代表共同参与，统筹规划前海航运经济发展战略，共同研究决定相关重大事项，并推进各项政策落地执行。战略上，要围绕当地特色航运经济和海洋产业进行专题规划，将二者结合起来，重点布局海洋新兴产业和海洋高端服务业。要按年度制订发展计划，定期检查计划实施进展，将航运经济打造成区域经济增长的引擎，支撑当地贸易、物流、货运等领域的发展。

第二，绿色智慧是港航融合发展的未来方向。前海依托新一代物联网、大数据等信息技术手段，提升港口在通信服务、海事装备供应、拖航服务、船舶修理、生活用品供应、引航服务、船员交接等海事服务方面的管理水平和运作效率，为航运企业提供良好的港口运作环境。未来港航融合需要打造智能化集装箱码头。比如，将无人重型卡车技术引入超远程控制作业场景中，与港口其他智能化设备高效协作。依托数据驱动的人工智能系统，应用无纸化放货技术，缩短进出口货物办证手续和流程。完善港口集疏运体系，搭建基于5G技术的港航大数据平台和智慧港口运营管理平台，加快实施船舶大型化战略和海铁联运基础设施建设，将绿色低碳技术运用到船舶管理和港口运营各方面。

第三，航运金融和海事仲裁是高端航运服务业发展的关键之举。加快发展航运金融、航运法务等高附加值航运服务业，吸引大型金融机构入驻集聚区，建立航运保险制度，为高风险航运企业提供风险管理服务。培育以服务航运经济为导向的金融新业态，推进金融市场、金融机构和金融产品创新，为航运消费、航运贸易、航运投资、航运科技创新提供多层次、全方位金融服务。积极培育海事律师事务所，建立专业人才队伍服务航运业务。积极开展海事仲裁业务，降低企业法律成本，保障裁判的公正性、廉正性和一致性，扩大既有海事仲裁机构的影响力。

第四，航运制度创新构建与国际接轨的航运服务体系。鼓励船舶在前海注册及挂旗，实施与国际接轨的船舶登记管理制度，提升在前海登记的国际船舶数量。同时，完善国际船舶登记在金融、税收、营运等方面配套制度，吸引国际知名船级社在前海开展业务，并逐步放开船舶入级检验、法定检验等程序，为国际船舶注册提供便利。加快智慧、绿色供应链发展，推动供应链跨界融合创新，建立与国际接轨的供应链标准。降低外商独资船务公司进入门槛，构建高效开放的航运服务市场管理制度。改善航运服务企业经营环境，推动船舶金融租赁权登记制度、船舶优先共有权登记制度等改革试点。放宽航运经纪准入条件，引导航运集疏运体系结构优化，出台促进航运业发展的优惠政策，支持航运服务业功能创新。

第五，着力提升全球航运资源配置能力。强化前海与大湾区周边港口的业务合作与联系，推进港口通关和物流服务一体化。发挥前海远洋集装箱运输优势，对接香港相关航运政策和规范标准，探索建设粤港澳大湾区组合港体系，与香港在航运服务领域开展广泛深入合作，共建国际航运中心。与全球知名海洋和航运龙头企业开展深度合作与交流，倾听企业诉求和建议。发挥港口国际平台作用和资源优势，研究设立海洋公益基金和产业基金，推进海洋领域深港合作和国际交流，为海洋宣传、招才引智、学术交流等提供便利条件。推动国际涉海和航运重大项目落户，发掘更多海上应用场景，支持海洋和航运企业在空间、人才、产业、税收等政策上“应享尽享”，推动航运经济高质量发展。

第六，战略型航运人才队伍是航运经济可持续发展的基础保障。通过设立航运人才培训基地，研究制定海事咨询、航运保险、航运法律仲裁、航运金融、船舶经纪等复合型高层次航运人才培养方案。建立航运人才培育发展基金，为航运教育事业提供资金支持。加大高校航运学科建设和航运专业人才培养力度，完善航运人才引进配套政策，提高航运人才教育水平，为航运经济的可持续发展提供政策保障。未来，国内各大港口可借鉴前海航运人才培养经验，建设航运高端智库集聚中心，构建与国际接轨的航运人才培养体系。设立国际海员协会，引入国际船舶管理公司，鼓励海员国际化发展，扩大高级海员规模。加快引进高水平国际航运服务团队，鼓励高等院校开设航运专业，为国际航运市场输送高端航运人才。

执笔人：李苍舒

参考文献

[1] 魏际刚，李苍舒 . 推动航运经济高质量发展 [J]. 水运管理，2024，46（07）：1–4.

[2] 刘伟华，张雅莉，胡振宇 . 国际航运中心发展经验及对深圳的启示 [J]. 海洋开发与管理，2020，37（03）：16–22.

[3] 加快建设具有全球重要影响力的物流中心 [N]. 深圳特区报，2023–01–10.

积极探索食品行业推动碳中和新路径

——全生命周期的伊利“零碳未来”实践

【摘　要】2021 年 10 月，习近平主席在二十国集团领导人第十六次峰会上强调，中方将陆续发布重点领域和行业碳达峰实施方案和支撑措施，构建起碳达峰、碳中和“1+N”政策体系。持续推进能源、产业结构转型升级，推动绿色低碳技术研发应用，支持有条件的地方、行业、企业率先达峰①。伊利集团作为中国乳制品行业碳中和实践的先行者，提出争取在 2050 年前实现全产业链碳中和，并采取了积极行动：在养殖环节对动物饮食和粪便进行管理、改进施肥技术和发展可持续农业，在生产加工以及物流分销环节提高能源利用效率、增加可再生能源比例，在消费环节增强消费者的绿色低碳理念以及减少浪费。当前，以乳制品为代表的食品行业要实现碳中和，在技术、市场、政策等方面还面临诸多挑战。下一步，需要企业、政府、社会各方共同努力，主要有以下几点思考。第一，科学准确的碳盘查是开展碳中和工作的重要基础。第二，将碳中和目标纳入企业战略层面是绿色低碳

① 《习近平继续出席二十国集团领导人第十六次峰会》,《人民日报》2021 年 11 月 1 日。

转型的必要条件。第三，明确减排的重点环节和各生产环节重点任务是制定科学减排路径的前提。第四，技术创新、制度创新与合作共享是突破企业碳中和瓶颈的重要抓手。

【关键词】食物系统　食品行业　碳盘查　全生命周期

一、时代背景

联合国政府间气候变化专门委员会（IPCC）第六次评估报告（AR6）指出，除非立即、迅速和大规模地减少温室气体排放，否则将无法实现将温升限制在接近1.5℃甚至是2℃的目标。各国政府在《巴黎协定》指导下制定国家自主贡献方案，设定温室气体减排和中和目标。中国提出二氧化碳排放力争于2030年前达到峰值，努力争取2060年前实现碳中和，并将其作为实现“双碳”目标的时间表。企业是落实碳中和目标的实践主体，面临与气候变化影响相关的实体风险，以及与低碳经济相关的转型风险。

食物系统温室气体排放不容忽视，是应对气候变化不可或缺的组成部分。当前，食物系统排放的温室气体约占人为温室气体排放总量的1/3，食品工业已成为仅次于能源和建筑行业的气候变化驱动力。2010—2020年，食物系统温室气体排放从187亿吨增长到214亿吨，增长了14.4%。在不干预的情况下，预计到2030年，温室气体排放将进一步增长到255亿吨，而到2050年则可能增长到296亿吨，相比于2010年将增长58.3%。如果不采取积极的减排措施，全球大型肉类和乳制品企业可能在未来几十年内成为世界上最大的气候污染者。

乳制品行业是食物系统中的碳排放大户，乳品企业是实践食品行业碳中和的先锋。以乳品企业的碳中和实践为例，分析乳制品行业甚至食品行业碳中和路径图具有可行性和科学性。乳制品行业温室气体排放量约占食物系统的11%，是食物系统中仅次于牛肉的排放部门。随着人口增长、人民生活水平提高以及健康饮食习惯不断养成，预计到2050年乳制品需求将比2000年翻一番，持续扩大的市场规模意味着乳制品行业既面临着巨大的减排压力，也拥有充足的减排空间。应当看到，乳制品拥有食品行业中最长的产业链，上承广袤的草原牧场，下接千家万户餐桌，横跨一、二、三产业，涵盖饲草饲料、奶牛养殖、乳制品加工、终端销售等多个环节，长且复杂的产业链条蕴藏着多个具有降碳潜力的生产环节。

二、发展历程

中国食品行业碳减排经历了从无到有、从生产环节扩展到整个产业链的发展历程。在这一历程中，政策支持起到了重要作用，但仍需进一步完善。

（一）由生产环节逐步延伸的行业自主减排

能源行业的碳减排行动首先带动了食品行业生产加工环节碳

减排。2007年，低碳经济理念的提出全面推动了能源行业的减排降碳工作。在此期间，包括食品行业在内的各行业碳排放长期未受到足够关注。电力行业是我国最大的碳排放部门之一，而食品加工过程中对电力的需求使得食品行业也逐渐受到减排监管的影响。为了提高能源利用效率和减少对化石能源的依赖，食品行业采取了一系列措施，包括燃煤锅炉改造、购买绿电、开发光伏项目以及其他减排措施。

“双碳”目标提出后，农业和工业领域的碳减排行动进一步推动了食品行业养殖环节和物流分销环节的碳减排行动。“双碳”目标的提出促使农业和工业等重点排放领域相继采取了更多的碳减排行动。特别是畜牧业作为农业领域的重点排放部门，采取了包括精准饲喂、品种改良、畜禽养殖粪污资源化等在内的一系列措施，有效促进了乳制品行业养殖环节减排。在与之相关的工业领域，推动绿色制造技术创新、绿色工厂动态管理、产业链跨地区协同布局、龙头企业与上下游企业联合降碳以及不同行业间企业开展协同降碳等举措，也有助于推动食品行业物流分销环节的碳减排。

乳制品企业碳中和雄心促进了食品行业减排从生产环节扩展到产业链。一些领军企业纷纷承诺在21世纪中期实现碳中和目标，成为行业内碳减排的主要推动者。随着碳足迹概念逐渐深入人心，企业开始关注自身产品的碳足迹，积极寻求减少排放的方法，重视产品从生产到消费的全生命周期温室气体排放。这一概念的引入也催生了更多的碳减排创新，企业不仅改进生产环节，还加大对供应链、物流和消费环节减排力度，为整个食品行业提供了引领未来可持续发展的方向。

（二）全生命周期下的行业协同减排

食品行业的全生命周期通常包括六个阶段：原材料生产、农场养殖、产品生产加工包装、物流分销、消费者储存使用以及废弃物回收处理。参照上述划分依据，乳制品行业产业链大致可划分为四个关键环节：养殖、生产加工、物流分销和消费回收。

产业链不同环节的排放来源和减排重点不同。如表 3 所示，在养殖环节，动物肠道发酵以及粪便排放、化肥使用和土地利用变化是主要温室气体排放来源，相应减排手段包括动物饮食和粪肥管理、化肥技术改进、精准施肥、发展智慧农业以及提升土壤固碳能力。在生产加工环节，能源消耗是主要温室气体排放来源，因此减排重点是提高能源利用效率和使用可再生能源替代等。在物流分销环节，温室气体排放来源主要是运输车辆的能源消耗，减排重点是通过使用新能源汽车减少车辆的温室气体排

表 3　食品行业各环节温室气体排放来源及减排重点

项目	养殖	生产加工	物流分销	消费回收
排放来源	● 动物养殖 ● 化肥使用 ● 土地利用变化	● 能源消耗	● 能源消耗	● 高碳饮食 ● 能源消耗 ● 食品和包装浪费
减排重点	● 动物饮食管理 ● 粪肥管理 ● 化肥技术改进 ● 精准施肥、发展智慧农业 ● 生态碳汇	● 可再生能源替代 ● 提高能源利用效率 ● 可持续包材	● 使用新能源汽车 ● 优化物流 ● 分散供应	● 低碳饮食 ● 回收管理

资料来源：根据相关资料整理。

放，同时通过提高载货率、路线优化、科学选址等方式提高运输效率。在消费回收环节，温室气体排放主要来自食物储存的能源消耗、食品和包装浪费以及消费者的高碳饮食习惯，减排重点是有效利用食物、减少食物浪费、调整消费者饮食结构，从而减少温室气体排放和增强食物系统韧性。

（三）政策驱动下的行业全方位自主减排

当前，我国碳达峰碳中和“1+N”政策体系中尚未涵盖食品行业。《中共中央 国务院关于完整准确全面贯彻新发展理念做好碳达峰碳中和工作的意见》（以下简称《意见》）以及《2030年前碳达峰行动方案》已经发布，为实现“双碳”目标进行了顶层设计，制定了时间表和路线图。各相关部门也已出台部分重点领域、重点行业实施方案，以及科技支撑、财政支持等保障方案。同时，31个省（区、市）也制定了地区碳达峰实施方案，共同构建碳达峰碳中和“1+N”政策体系。《意见》及农业、工业等领域实施方案涉及乳制品行业部分生产环节，对实现食品行业碳中和具有参考意义。《意见》就能耗强度、温室气体排放强度等制定了明确的发展目标，还指出实现“双碳”目标的关键行动包括：推进经济社会发展全面绿色转型、深度调整产业结构、加快构建清洁低碳安全高效能源体系、加快推进低碳交通运输体系建设、持续巩固提升碳汇能力等，从而为食品工业企业指明了发力方向。还应看到，农业、工业领域“双碳”实施方案中提出的重点任务，为食品行业碳中和提供了重要支撑，碳核算体系和财政支持体系的有效推进也将更好助力实现食品行业碳中和。经过初步梳理，与食品行业碳减排相关的政策见表 4。

表 4　与食品行业碳减排相关的政策梳理

文件	重点任务
《农业农村减排固碳实施方案》	● 畜牧业减排降碳：推广精准饲喂技术，推进品种改良；提升畜禽养殖粪污资源化利用水平 ● 可再生能源替代：推广应用生物质能等绿色用能模式；推动农业生产加工等用能侧可再生能源替代
《工业领域碳达峰实施方案》	● 推动产业低碳协同示范：加强产业链跨地区协同布局，减少中间产品物流量。鼓励龙头企业联合上下游企业、行业间企业开展协同降碳行动 ● 建设绿色低碳工厂：引导绿色低碳工厂进一步提标改造，对标国际先进水平，建设一批“超级能效”和“零碳”工厂
《关于加快建立统一规范的碳排放统计核算体系实施方案》	● 完善行业企业碳排放核算机制：组织修订重点行业碳排放核算方法及相关国家标准 ● 建立健全重点产品碳排放核算方法：制定重点行业产品的原材料、半成品和成品的碳排放核算方法
《财政支持做好碳达峰碳中和工作的意见》	● 支持重点方向和领域：支持构建清洁低碳安全高效的能源体系、支持重点行业领域绿色低碳转型、支持绿色低碳科技创新和基础能力建设、支持绿色低碳生活和资源节约利用、支持碳汇能力巩固提升、支持完善绿色低碳市场体系 ● 财政政策措施：财政资金支持引导；市场化多元化投入；税收政策激励约束（税收及税收优惠政策）；绿色采购政策

资料来源：根据相关资料整理。

三、主要做法

伊利集团连续多年稳居全球乳业五强，是中国规模最大、产品品类最全的乳制品企业，也是中国乳制品行业碳中和实践的先行者。自 2010 年起，伊利集团便开展节能降碳行动（见图 2），于 2012 年实现碳达峰。2022 年 4 月，伊利集团发布食品行业首个“双碳”目标及路线图。以碳达峰年为基线、以经营模式和能源利用效率为抓手制定碳中和目标：2030 年组织层面能源利用效率达到国际先进水平，2040 年全产业链能源利用效率达到国际先进水平，争取在 2050 年前实现全产业链碳中和。

图 2　伊利集团碳中和实践行动

资料来源：根据相关资料整理。

（一）养殖环节降源增汇

通过奶牛营养评估体系和种养一体化模式，致力打造“零碳牧场”。在奶牛营养评估体系框架下，在上游合作牧场中积极推广奶牛饲料益生菌添加剂技术、低蛋白质日粮调配技术，合理优化奶牛日粮配方，既能有效减少奶牛肠道发酵产生的甲烷排放，还能提升奶牛消化和吸收速率。该评估体系还处在试点阶段，在大规模推广之前还有很多工作要完成。种养一体化模式是指通过种植固碳能力强的紫花苜蓿、燕麦等恢复退化草原，并将优质苜蓿草和燕麦干草作为奶牛主要养殖饲料，以养带种、以种促养、降源增汇。截至2021年底，伊利集团已在272座合作牧场实施种养一体化模式。其中，内蒙古阿鲁科尔沁旗牧场试点累计改良5.5万亩退化草原，项目核心区植被覆盖率从2008年的不足10%提高到95%以上，每年可产生5500吨碳汇，同时该基地实现年生产优质紫花苜蓿草、燕麦干草超4万吨，草产量是当地天然草场的10倍多。

（二）生产物流环节节能减排

从能源、包装、物流以及废弃物处理方面入手，逐步实现生产加工环节和物流分销环节的节能减排，致力打造“绿色工厂”“零碳工厂”和“无废工厂”。能源是生产端减排重点。伊利集团于2014年引入能源管理体系，同年着手将燃煤锅炉改造为天然气锅炉。到2020年底，除三家工厂因当地供应不足未能采用天然气锅炉外，其余工厂均已使用天然气锅炉，伊利集团前后投入9000万元人民币，改造后每年能减排58万吨温室气体。从2019年起，伊利集团每年开展节能专项行动，如引进余热回收、热泵等一系列绿色技术以提高能源利用效率。节能专项行动每年投入约1亿元，实现节能收益2亿元，约减排5万吨温室气体。与此同时，大规模发展新能源，采取的行动包括采购绿电和发展光伏项目。2022年，黄冈伊利酸奶工厂获得由湖北电力交易中心、湖北碳排放权交易中心共同认证的绿色电力交易凭证，共采购绿色电力2862兆瓦时，相当于减排2047吨温室气体。肇东市伊利乳业有限责任公司建立中国乳业分布式光伏装机规模最大的单体工厂，预计每年可减少二氧化碳排放15.6万吨。产品包装选用环保包材，实施包材轻量化。伊利集团的全线产品均采购经森林管理委员会认证的森林产品，2021年伊利旗下金典品牌还在国内首次推出了植物基梦幻盖产品，以甘蔗替代木材原料，以减少毁林。在运输分销环节，伊利集团逐步提升铁路运输占比、优化长途运输路线、提高载货率、科学工厂选址、库内运距优化以及建立物流数字化系统，致力打造智慧绿色物流。将生产环节中80%的固体废物由第三方回收利用，20%进行填埋或者焚烧，生产环节产生的污水经污水处理厂处理达标后才排放。

伊利集团在生产物流环节的减碳行动得到了社会认可。截至2021年底，伊利集团已有23家分（子）公司被工业和信息化部评为国家级“绿色工厂”，拥有中国食品行业首个“零碳工厂”、中国奶粉行业前两家“零碳工厂”以及中国冷饮行业首个“零碳工厂”。浙江龙游伊利工厂入选浙江省第一批“无废工厂”评估结果名单。呼和浩特·伊利现代智慧健康谷零碳五星示范项目启动。伊利现代智慧健康谷成为中国首个零碳五星示范区。

（三）消费环节提倡绿色消费理念

通过推出“零碳产品”和发动绿色公益活动，为消费者提供更环保、更低碳的绿色健康产品，帮助消费者塑造绿色低碳的消费模式和消费理念。2022 年，伊利集团发布两款能实现产业链层面碳中和的“零碳牛奶”，为消费者购买牛奶产品提供了更具可持续价值的消费选择。此外，伊利集团还通过推出“金典有机回收计划”“金典空奶盒改造”活动和安慕希“物物交换”活动，号召公众积极参与废弃包装回收活动，培养消费者的绿色环保理念。

（四）“三建立”保驾护航

一是建立碳盘查系统，保障目标科学合理。2010 年，以金川乳业为试点启动碳盘查，之后逐渐扩大碳盘查范围。首先，于 2011 年实现将碳盘查范围扩大至全集团所有生产工厂，2017 年以优然牧业为试点，启动对上游供应商的碳盘查，并逐年扩大对上游核心供应商的碳盘查。其次，2019 年开发 EHSQ 管理信息系统，实现碳排放数据的自动核算。最后，自 2021 年开始，核算覆盖全乳品项的 8 类产品系统开展全生命周期碳足迹评估。伊利集团已经连续多年对旗下所有企业和核心供应商开展碳盘查，通过明确产业链各生产环节的排放量以及减排重点，为集团后续的减排固碳行动提供了科学依据。

二是建立碳管理团队，保障行动组织有效。伊利集团碳管理团队成立于 2010 年，自上而下分三个层级：第一层是以可持续发展委员会为代表的决策层，统筹包括碳中和在内的可持续发展工作。第二层是由秘书处及管理平台组成的组织层，负责推进日常工作和召开会议。第三层是由事业部和各职能部门构成的执行层，事业部指定碳中和项目负责人，是碳中和实践的总体推动者，职能部门各司其职，在每个事业部和职能部门均设立可持续发展联络员，负责上传下达。碳管理团队的成立，既保障了企业的碳中和行动能够有效落实，也自上而下提升了企业所有员工的绿色低碳意识。

三是建立全链减碳合作平台，保障信息准确通畅。伊利集团有三大共享平台：第一，落户在伊利现代智慧健康谷的国家乳制品产业计量测试中心，重点研究乳制品产业的关键共性技术、精细化管理和质效管控，同时为整个乳品行业搭建产业计量公共平台，实现乳制品上下游产业及相关产业计量知识资源共享。第二，可持续发展供应链全球网络（WISH 网络），与 43 家全球战略合作伙伴一起践行零碳计划。第三，EHSQ 管理信息系统，不仅以信息化技术实现对碳排放数据的自动核算，还能促进产业链上各利益相关者合作减排。

四、经验启示与思考

以乳制品为代表的食品行业碳中和正处于起步阶段，当前仍面临诸多困难挑战。从技术成熟度看，还没有较为成熟且大规模应用的抑制动物肠道发酵排放技术和土壤固碳技术。从技术推广度看，传统牧区分散现状及现有经营规模决定了技术实施成本和交易成本偏好。从市场接受度看，大部分消费者对绿色低碳食品额外付费意愿较低，零碳产品所占市场份额有限。从政策支持度看，食品行业尚未被纳入碳市场，减排固碳的生态价值难以实现，牧场光伏项目开发潜力受现有土地政策制约推进缓慢。下一步，广大企业要切实履行社会责任，政府出台有利于食品行业碳中和的政策支持，将行业减排工作真正落到实处。要顺利实现碳中和目标，必须遵循创新、协调、绿色、开放、共享的新发展理念，需要企业采取及时有效行动、政府出台有力政策支持。

第一，科学准确的碳盘查是开展碳中和工作的重要基础。方法科学、度量准确的碳盘查能够帮助企业梳理各生产环节中的温室气体排放来源和排放量。明确减排重点、评估减排难点，是制定措施推动减排工作和后期开展考核的重要依据。企业应当脚踏实地做好碳盘查工作，遵循国际标准，促进数据收集标准化、自动化。开展全产品类全生命周期碳盘查，做好碳盘查数据公开披露工作，实现与投资者、消费者等利益相关方信息互递。政府需要制定行业层面标准及实施方案引领发展方向，包括碳盘查国家标准、重点减排技术以及生态碳汇方法学等。目前，我国“双碳”行业人才短缺，企业相关从业人员普遍属于“半路出家”，行业层面的国家标准对企业有重要借鉴意义。此外，还应推动将食物系统排放纳入国家温室气体清单并在国际上推广，探索基于政府间共识的核算方法。

第二，将碳中和目标纳入企业战略层面是绿色低碳转型的必要条件。通过设立明确的碳中和目标，并将碳中和目标与企业发展目标结合起来，不仅能有效规避气候风险，还有利于提升企业绿色竞争力。成立专门的碳管理团队是企业将碳中和目标纳入战略层面的重要举措，既能为企业绿色低碳转型掌舵，也能提升企业员工低碳环保意识以及主观能动性。除完善的组织架构外，碳管理团队还应当具备清晰的职责定位和有效的考核机制。对内定期评估实施情况，帮助企业发现问题并解决问题。与其他企业横向对比，扩大企业影响力，吸引消费者和投资者。

第三，明确减排重点环节和各生产环节重点任务是制定科学减排路径的前提。减排路径应当与业务实际相结合，乳制品行业的减排重点和难点是养殖环节。养殖环节的重点任务是减少动物肠道发酵的甲烷排放和粪便处理。生产制造环节的重点任务是提高能源的使用效率和扩大可再生能源占比。物流分销环节的重点任务是新能源车辆替代和优化运输路径。消费环节的重点任务是引导消费者选择低碳饮食和减少食物浪费。此外，生态碳汇是抵消企业不可避免的温室气体排放的关键手段。政府可以实施财政补贴和税收优惠政策来降低技术采用的成本，以及对企业的正外部性进行补偿。比如，对生物质能等新能源以及养殖环节的减排固碳新技术给予一定的补贴，对温室气体减排企业给予适当的税收优惠等。此外，政府还需要响应部分低碳技术对土地资源的需求。在坚守 18 亿亩耕地红线和不改变农田基本用途的基础上，从存量和增量两方面着手，放宽对集中养殖牧场区的新能源用地限制，将一些未利用土地转变为新能源用地或生态用地。

第四，技术创新、制度创新与合作共享是突破企业碳中和瓶颈的重要抓手。科学技术是第一生产力，创新是引领发展第一动力，企业碳中和需要持续的技术改进和技术革新。例如，部分措施由于实施成本高而未能进行商业化大规模采用，需要进一步降低技术成本或探索低成本的技术。养殖环节的减排尚有技术瓶颈，需要新技术帮助突破。尤为重要的是，需要打通减排项目和生态碳汇项目的生态价值实现通道，进一步健全碳交易市场尤其是自愿减排市场，扩大碳市场覆盖规模，恢复对中国核证自愿减排量的审批，探索碳汇价值的实现机制。还应鼓励和支持多元化投资来源，包括政府投资、政府和社会资本合作（PPP）、行业基金会等，鼓励金融企业开展金融创新。此外，需要在产业链上下游、行业内不同企业之间，以及国内外三个层面构建知识共享平台。通过分享新技术和新思想降低转型成本，在实现碳中和过程中需要保持发展眼光和开放态度。政府应当加大对产学研合作以及国际合作的支持力度，通过技术合作、人才合作和知识共享促进减排固碳新技术的商业化和规模化应用。

执笔人：钟　声　关宝珠

构建具有韧性的卫生体系

——抗击新冠疫情的伟大实践

【摘　要】卫生体系是守护国民健康、应对突发公共卫生事件的前沿阵地。党的十八大以来，党中央明确了新时代党的卫生健康工作方针，致力于推进以人民为中心的公共卫生体系建设，不断提升公共卫生安全水平。当前，构建具有韧性的卫生体系，具有在面临突发卫生危机时有序应对和维持卫生体系基本功能的能力已成为国内外学界共识，新冠疫情大流行影响并考验了全球和国家卫生体系的韧性。我国韧性卫生体系建设，得益于新中国成立以来特别是改革开放以来发展公共卫生事业打下的坚实基础，包括：逐步调整优化卫生工作方针，不断完善卫生服务体系和医疗保障体系，超大规模医疗资源整合调动，广覆盖的高效传染病监测报告体系，生物医药产业蓬勃发展提供有力支撑，初步形成了治理—整合—创新的韧性卫生体系框架。总体来看，中国抗击新冠疫情大致经历了局部暴发、内防扩散、持续反复等阶段，在实践过程中表现出良好韧性。为此，要始终坚持以人民为中心的发展思想，切实防范人民群众生命健康风险，持续提升治理、整合和创新三大核心能力，加大对脆弱群体和地区的保护力度，开展更加广泛、公平的国际卫生合作，协同推进健康和气候变化治理。

【关键词】卫生体系　卫生治理　韧性　疫情防控

一、时代背景

新冠疫情暴发后，社会各界开始对卫生体系的韧性进行反思。“韧性”一词最早主要用于材料领域，主要是指物体或者系统受到外部重大冲击后保持其原有功能和快速恢复的能力。卫生体系的韧性可理解为卫生系统在危机发生时保持核心功能并有效应对危机的能力。简言之，能在卫生危机发生时和发生后有条不紊地保护民众生命安全并带来良好卫生绩效的卫生体系就是韧性卫生体系。国内外学者对于韧性卫生体系特点的共识主要集中于具有较好的治理能力，能够动员全社会利益相关方参与，能够及时调整政策、策略和措施，具有较好的人、财、物保障基础，以及具有不断总结学习和改进的文化等。埃博拉疫情后，卫生领域研究人员越来越关注韧性卫生体系在大流行病防范和应对中的重要作用，呼吁将韧性卫生体系建设作为全球卫生体系建设的首要任务。

韧性卫生体系建设也是我国卫生事业发展的重要内容。新冠疫情暴发后，面对严峻复杂的形势，以习近平同志为核心的党中央始终坚持人民至上、生命至上，坚决打赢疫情防控人民战争、总体战、阻击战，最大限度保护了人民生命安全和身体健康。三年抗疫的伟大实践，充分展现了中国共产党领导和中国特色社会主义制度的显著优势和强大治理能力。在应对新冠疫情的同时，习近平总书记对我国公共卫生体系建设的体制机制问题进行了梳理，指出要放眼长远，总结经验，吸取教训，针对疫情防控中暴露出来的问题和不足，抓紧补短板、堵漏洞、强弱项①。当前，建立医防融合、平战结合的具有韧性的公共卫生和医疗卫生服务体系已经成为我国卫生事业发展的重要内容。

二、发展历程

韧性卫生体系建设是一个循序渐进的过程。我国取得举世瞩目的新冠疫情防控成绩，得益于全党全国人民在新冠疫情期间的努力，也得益于新中国成立以来党领导全国人民发展卫生事业所打下的坚实基础。

（一）逐步调整优化的卫生工作方针和卫生发展策略

1949 年 10 月，中央政府在新中国成立后的第一个月就初步确定了全国卫生建设总方针：预防为主，保证生产建设，面向农村、工矿，依靠群众。此后，又提出了面向工农兵、预防为主、中西医结合以及全社会参与的工作方针。在农村地区，我国开展了广泛的爱国卫生运动，培养农村卫生人才、整顿生活环境、改水改厕，大幅改善农村人口健康水平。我国不断完善市、县、

① 习近平：《构建起强大的公共卫生体系　为维护人民健康提供有力保障》，《求是》2020 年第 18 期。

乡、村的卫生设施，培养医疗卫生队伍，号召城市的医务工作者到农村执业，均衡城乡卫生资源。我国于20世纪60年代建立起“合作医疗”，解决农村人口的初级卫生保健筹资问题，该举措得到世界卫生组织的高度认可。在20世纪六七十年代，各级卫生基础设施和医疗保障体系雏形基本建成。1978年开始，我国实行了改革开放，卫生工作方针和政策也随之发生了改革和变化。1997年，《中共中央、国务院关于卫生改革与发展的决定》提出新时期我国卫生工作方针：以农村为重点，预防为主，中西医并重，依靠科技和教育，动员全社会参与，为人民健康服务，为社会主义现代化建设服务。

党的十八大以来，党中央明确了新时代党的卫生健康工作方针：以基层为重点，以改革创新为动力，预防为主、中西医并重，将健康融入所有政策，人民共建共享。新的工作方针把为群众提供安全、有效、方便、价廉的公共卫生和基本医疗服务作为基本职责，成功防范和应对了甲型H1N1流感、H7N9禽流感、埃博拉出血热等突发疫情，主要传染病发病率显著下降。党的十九届四中全会提出强化提高人民健康水平的制度保障要求，将加强公共卫生服务体系建设、及时稳妥处置重大新发突发传染病作为治理体系和治理能力现代化的重要目标和任务，强调预防为主，加强公共卫生防疫和重大传染病防控，稳步发展公共卫生服务体系。在实现“两个一百年”奋斗目标的历史进程中，发展卫生健康事业始终处于基础性地位，同国家整体战略紧密衔接，发挥着重要支撑作用。

（二）不断完善卫生服务体系和医疗保障体系

从新中国成立初期到20世纪80年代，我国逐步建立了覆盖县、乡、村的农村三级卫生服务网络和以集体所有制为基础的城市卫生服务体系。同时，建立了基于村集体制度的农村合作医疗制度和职工公费医疗保障制度。改革开放以来，基于集体所有制的医疗保障制度逐步改革，非公有制经济逐步进入医疗卫生服务领域，医疗服务体系和保障体系经历了短暂的“市场化改革”。2009年，我国开启新一轮医药卫生体制改革，在原有医疗服务和医疗保障体系的基础上，建成了全世界最大、覆盖全民的基本医疗保障网。居民个人卫生支出所占比重由2009年的40.4%下降到2021年的27.7%。人均预期寿命从73岁提高到78.2岁。

逐步制定或修订《中华人民共和国传染病防治法》《中华人民共和国精神卫生法》《中华人民共和国疫苗管理法》等法律规章。建立国务院防治重大疾病工作部际联席会议制度，极大提高了公共卫生和疾病预防工作的法治化和标准化。实施全民健康生活方式行动计划，重大慢性病过早死亡率从2015年的18.5%下降到2021年的15.3%。“十三五”期间，我国的主要健康指标稳步提高，跻身中高收入国家前列。同时，积极开展国际卫生合作，为国际组织和有关国家及地区提供力所能及的援助。

（三）超大规模的医疗资源整合调动

虽然我国在卫生资源基础方面并不领先于世界，但在调动整合这些资源方面却富有成效。长期以来，我国在城乡之间、东西部地区之间开展了有针对性的支援活动。2005—2013 年，我国开展了“万名医师支援农村卫生工程”“东西部地区医院省际对口支援”“县级医院骨干医师培训”“国家医疗队巡回医疗”等行动，实现了城乡医院之间的定点帮扶。2013 年，专门发布《国家卫生计生委关于印发深化城乡医院对口支援工作方案（2013—2015 年）的通知》。通过这些专项行动和制度安排，农村卫生人力资源和基础设施水平得到提高，各地区卫生资源配置趋于均衡，卫生体系综合绩效得到改善。特别是定点帮扶在抗击新冠疫情方面发挥了关键作用。得益于这些调动和整合卫生资源的政策和措施，我国在《国际卫生条例》的 13 项核心能力评分中，平均得分为 94 分，居世界领先地位。

（四）建立高效广覆盖的传染病监测报告体系

2003 年“非典”期间，我国建立了各部门协作的联防联控机制，对所有病患免费检测、免费治疗、免费隔离观察。“非典”结束后，我国建立并不断完善横向到边、纵向到底的疾病和健康危险因素监测网络，重点地方病和饮用水水质监测网络覆盖到全国所有乡镇。“非典”期间积累的经验使我国在应对此后出现的甲型流感、新冠疫情时更加从容。多年来，该系统有效运行，大大提高了传染病报告的及时性，对于及时捕捉传染病暴发信号、实时监控传染病变化和发展趋势、指导各级疾控机构对疫情暴发进行调查处置，起到了非常大的帮助作用。该系统已经覆盖全国几乎所有二级以上医疗机构，使用这一系统开展传染病的报告、监控和数据分析研判的工作人员已达35万名。新冠疫情暴发后，我国又进一步强化了医疗机构对新冠病例的报告工作，任何核酸检测阳性结果均由检测机构立即网上报告，为我国及时发现和控制疫情，及时开展密接追踪、病例管控、密接隔离医学观察等措施提供了有力支撑。

（五）强有力的生物医药产业规范和支撑

新中国成立后，我国就开始推进免疫接种规划，并不断扩大免疫接种人群和种类。2000年以后，我国出台《中华人民共和国传染病防治法》《疫苗流通和预防接种管理条例》《中华人民共和国疫苗管理法》等多项法规制度，规范并提升疫苗质量。同时，我国将生物医药产业列入战略性新兴产业，大力发展疫苗相关产业。2022年1月，工业和信息化部等九部门联合发布《“十四五”医药工业发展规划》，明确包括生物医药在内的各领域未来五年的发展方向，推动全行业加快“质量＋效率＋动力”变革。这些政策有力地支持了我国生物医药产业发展，为新冠病毒疫苗研发提供了坚实基础。

三、主要做法

新冠疫情期间，党中央始终坚持人民至上、生命至上，实事求是、因时因势调整优化疫情防控和经济社会发展措施，用最小的代价实现了最大的防控效果，体现了韧性卫生体系建设中强大的治理能力、资源整合调动能力和创新三大核心要素。

（一）新冠疫情初期

新冠疫情暴发之初，我国政府就制定了以保护人民生命健康为首要任务的战略，由专家和专业人士进行科学分析，及时作出科学决策，并动员全社会力量共同抗击新冠疫情。第一时间成立应对新冠疫情工作领导小组，广泛征求专家和专业人士的意见，迅速认识到局势的严重性。随后，果断对湖北省、武汉市实行严格封闭的交通管控，目的是遏制病毒传播。2020 年 1 月 20 日，根据《中华人民共和国传染病防治法》，新冠肺炎被列为乙类传染病，按甲类传染病防控，并建立了由 30 多个政府部门参与的联防联控工作机制。2020 年 2 月 23 日，我国召开了 17 万人参加的超大规模电视电话会议，协调疫情防控和复工复产工作。这是我国新冠疫情防控的关键阶段（见图 3）。

在这一阶段，湖北省、武汉市等新冠疫情严重地区采取了“内防扩散、外防输出，及时收治所有确诊病人”的应对策略，湖北省以外地区采取了“外防输入、内防扩散，及时收治所有确诊病人”的应对策略。在组织保障方面，建立全国政府部门和防控小组的联防联控协调机制，统筹全国资源，落实“早发现、早报告、早隔离、早诊断、早治疗”的防控要求和集中患者、集中专家、集中资源、集中救治“四集中”原则，多措并举有效

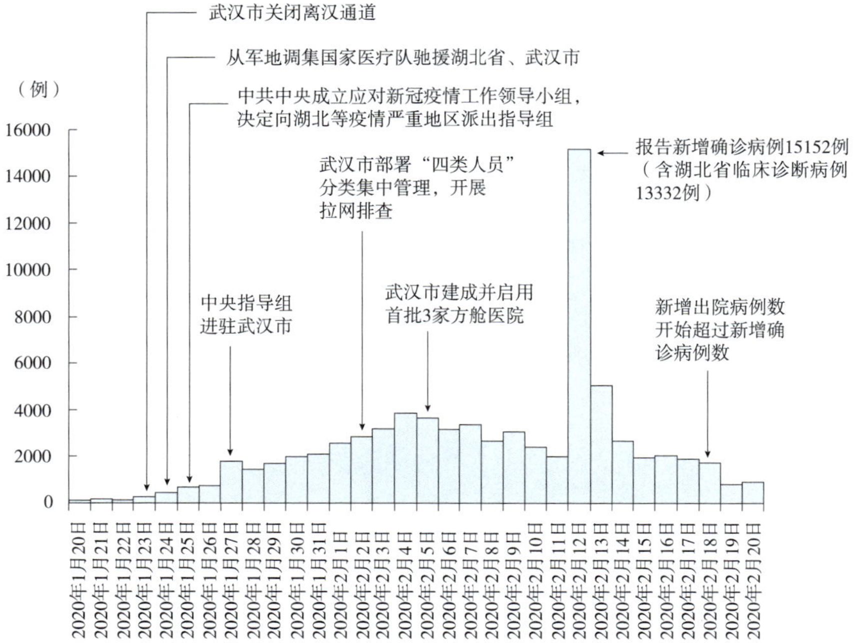

图 3　2020 年 1 月 20 日至 2 月 20 日我国境内新增新冠确诊病例情况

资料来源：《抗击新冠肺炎疫情的中国行动》。

治疗重症患者，实现了多学科、全方位、个性化诊疗以及“一人一策”的救治方针，大大降低了死亡率。在一个月内，病毒扩散到全国并造成大量死亡的风险基本得到控制。这反映出我国强大的治理能力和资源整合能力，为有效应对新冠疫情提供了重要保障。

全社会动员是疫情防控的关键。新冠疫情期间，全国人民展现出史无前例的高度团结，组织了新中国成立后最大规模的医疗支援和社会动员，为新冠疫情暴发地区的人民提供帮助和支持。2020 年 1 月，我国组织全国各地的专家、院士到武汉确定防控方案，从当年 2 月开始，来自十余个省份的综合医院重症医学科骨干团队，由院长或者书记带队，整建制接管新病区，并带来呼吸机、监护仪、ECMO 等救命设备。处置新冠疫情过程中，共计跨省调动 4.26 万名医务人员、900 多名公共卫生人员。各级地方政府也启动了重大突发公共卫生事件应急预案，形成最全面、最严格、最彻底的疫情防控局面，有效阻断了病毒传播和感染扩散。

社会经济稳定发展是疫情防控的基础。新冠疫情得到有效控制后，我国政府开始对复工复产作出安排。密集制定出台多项政策，为企业特别是中小企业和个体工商户减负纾困，实施减税降费，增加财政补贴，加大金融支持力度，减负稳岗扩就业，优化政府服务。

同国际共享病毒信息，快速开展科研工作。新冠疫情发生后，我国第一时间向世界卫生组织、有关国家和地区组织主动通报疫情信息，分享新冠病毒全基因组序列信息和新冠病毒核酸检测引物和探针序列信息。定期向世界卫生组织和有关国家通报新冠疫情信息，并与国际社会一道研究和了解该病毒的特点，以便更好地进行全球防疫。在世界卫生组织和各国科学家指导帮助下，我国得以迅速了解病毒特点并制定科学的治疗方案。核酸检测发挥了关键作用。自新冠疫情暴发以来，我国即着手研制新冠检测试剂。卫生专家也在不断更新诊疗方案，提出方舱医院模式，统筹新冠患者和其他患者的医疗服务。新冠疫情得到阶段性遏制后，我国积极分享疫情防控经验，以线上专家咨询等形式向国际社会提供力所能及的帮助。

（二）新冠疫情中期

在这一阶段，我国加大力度推动全国各地复工复产。同时，由于全球大流行仍在持续，我国坚持“外防输入、内防反弹”的策略，鼓励地方政府探索更有效的方法，分享经验，以制订更好的防控措施和治疗计划。

因地制宜加强地方治理。由于全国新冠疫情已经得到控制，我国这个时期的新冠疫情主要局限在个别地区，如 2020 年 6 月在北京、2020 年 10 月在新疆喀什等地。在控制本轮新冠疫情反弹过程中，我国注重提高地方政府因地制宜的疫情应对和管控能力，特别是切断病毒传播链的能力。由于喀什的基础设施和治疗能力相对较差，感染人群被转运至乌鲁木齐的医院，以获得更好的治疗条件。事实证明，这对改善诊疗、提高医疗服务的质量、降低死亡率、减缓病毒传播起到了非常重要的作用。北京并没有采取封控措施，只是针对风险人员采取了限制出京措施。通过更加精准的防控策略，取得了较好的社会效益。两地实践表明，因地制宜采取灵活精准的防控政策对于疫情防控至关重要，地方的治理能力和资源整合调动也十分关键。

积极推进药物疫苗研发。我国在国务院联防联控机制下成立专门的药品、疫苗和治疗小组，重点关注有关领域。早在 2020 年新冠疫情发生之初，国务院联防联控机制下的科研组就开始关注疫苗研发，制定了灭活疫苗、核酸疫苗、重组蛋白疫苗、腺病毒载体疫苗、流感病毒减毒载体疫苗五条技术路线同步进行的方案。据统计，截至 2021 年 6 月 9 日，已有 7 种新冠病毒疫苗在我国获批上市或紧急使用。自 2021 年以来，我国一直在全国范围内推进疫苗接种。截至 2022 年 6 月 1 日，我国共接种了 33.8178 亿剂新冠病毒疫苗，其中 12.9056 亿人完成接种，占总人口的 91.54%，12.5686 亿人完成全程接种，占总人口的 89.15%，是世界上每百人疫苗接种率最高的国家之一。

主动提供国际卫生援助。在新冠疫情肆虐全球的情况下，我国呼吁加强团结合作，进行多边协调，采取集体行动，构建人类卫生健康共同体。自新冠疫情暴发以来，我国发起了新中国成立以来规模最大的紧急人道主义行动。截至 2022 年 3 月底，我国已向 120 多个国家和国际组织提供了约 22 亿剂新冠病毒疫苗。秉持“授人以鱼不如授人以渔”的理念，中国不仅向其他国家提供疫苗，还帮助埃及和缅甸等国家建设疫苗生产线，以便各国更好地应对新冠疫情。

加大数字技术应用力度。大数据等数字技术的支撑作用体现在多个方面。在诊疗方面，基于大数据和人工智能的 CT 影像分析，成为新冠肺炎智能评估系统的核心，可以帮助医生分析病变的严重程度。在新药开发和临床疗效评估方面，大数据起到了加速作用。在病毒防控方面，管控社区可以使用专门移动应用程序，扫描进入社区人员的身份证，测量人员体温，并将相关信息报送至市级云平台。

（三）新冠疫情大幅反弹期

因时因势动态优化防控策略。2022 年，新冠疫情继续肆虐全球，奥密克戎（Omicron）变体已取代德尔塔（Delta）变体成为主流毒株。新冠患者的临床表现呈现出新的特点。治疗新冠的新药已经上市，进一步丰富了治疗经验和治疗手段。基于近两年在统筹疫情防控和经济发展方面积累的实践经验，我国有能力因时因势动态决策、科学施策。在这一阶段，继续采取有效的人、物、环境同防措施，大力推进疫苗接种工作，解决暴露出来的问题。

推广加强针接种注射和非药物个人防护。疫苗接种和有效的个人防护仍然是应对疫情的重要手段。疫苗接种策略继续得到优化，包括采取同源加强免疫和序贯加强免疫。此外，公共场所佩戴口罩、保持社交距离、减少不必要集会，仍然是遏制新冠疫情的重要建议措施。

呼吁改善全球卫生治理。奥密克戎变体的全球传播，强化了国际合作在抗击新冠疫情中的重要作用。自新冠疫情暴发以来，我国积极推动构建人类卫生健康共同体，凝聚团结抗疫的共识。在 2022 年 1 月 17 日的世界经济论坛视频会议上，习近平主席再次强调，世界各国要加强国际抗疫合作，积极开展药物研发合作，共筑多重抗疫防线，加快建设人类卫生健康共同体[①]。我国以实际行动打造了疫情防控样板，也为加强国际合作、确保疫苗公平分配树立了团结抗疫标杆。

科学调整防控措施。随着新冠疫情大流行不断持续，诊断技术和方案的持续更新以及创新至关重要。在认真研究德尔塔和奥

---

①《习近平出席 2022 年世界经济论坛视频会议并发表演讲》，《人民日报》2022 年 1 月 18 日。

密克戎等变种的传播模式和病例特点基础上，我国制定了新冠肺炎诊疗方案（第 9 版试行）并在全国范围内实行。主要修订内容包括：一是优化病例发现和报告程序。在核酸检测的基础上，增加了抗原检测作为补充，以确保病例在早期发现。疑似病例的诊断和鉴定效率也得到了提高。二是将病例的分类和处理落实到位。轻型病例实行集中隔离管理，如病情加重应转到指定医院治疗。普通型、重型、危重型病例和有重型高危因素的病例应在定点医院集中治疗。将国家药监局批准的两种新冠特效药物纳入诊疗方案。三是修订中医治疗相关内容。加强中医非药物疗法应用，推荐有针对性的中药汤剂、中成药、针灸一体化治疗方案。结合儿童患者特点，增加儿童中医治疗相关内容。四是调整解除隔离管理、出院标准及注意事项。将连续两次呼吸道样本核酸检测阴性（采样时间至少间隔 24 小时）的要求修改为连续两次新型冠状病毒核酸检测 N 基因和 ORF 基因 CT 值均≥ 35，或连续两次新型冠状病毒核酸检测阴性。同时将出院后继续进行 14 天隔离管理和健康状况监测的要求修改为解除隔离管理或出院后继续进行 7 天居家健康监测。

四、经验启示与思考

建设韧性卫生体系，治理、资源整合和创新三者相辅相成。这一点在我国新冠疫情防控中得到具体体现。例如，疫苗和药物的开发和应用，以及诊疗手段的迭代更新，既是资源整合的产物，也是创新的结果。强有力的科学决策和政治保障使科学研究能够正常运作，并激发各种形式的创新。

（一）坚持人民至上、生命至上

韧性卫生体系建设要始终将保障人民群众生命权和健康权放在首位。坚持“大卫生、大健康”理念，持续改善影响健康的社会和环境因素，将健康融入所有政策体系之中。加快实施健康中国行动，加强重大传染病、地方病和慢性病综合防控。开展爱国卫生运动，提升国民健康教育水平。实施积极应对人口老龄化国家战略，加强养老服务保障。优化生育政策，发展普惠式托育服务。持续改善道路交通基础设施，加强环境治理，推进健康影响评价机制。

（二）持续提升治理、资源整合和创新能力

一是持续提升治理能力。不断提升因时因势的综合研判能力和战略谋划能力。依靠专业力量、提炼地方实践，科学制定卫生事业发展的政策措施。建立上下协调、政令畅通的政策执行和信息反馈机制。凝聚人民共识，广泛调动全社会参与。包括强大的领导能力、高效的组织动员能力、有效的协调沟通系统以及及时的监测和影响跟踪能力。领导能力在韧性卫生体系建设的每个环节都至关重要，是凝聚共识和自上而下行动的关键。组织动员能力体现在科学决策、正确执行和广泛动员等多个方面。协调沟通

系统主要是要确保政策、知识、信息准确地传达、反馈和跟踪。二是不断提升资源整合能力。完善医防融合、平战结合的卫生服务体系，提升医疗保障体系的公平性，促进医保、医疗、医药协同发展和治理。强化卫生人员队伍建设，加大卫生投入，提升公共卫生和医疗服务的可及性和可负担性。三是持续加强医药卫生领域创新。将生物医药产业作为战略性新兴产业，支持生物医药领域基础研究和生产研发，加大数字技术在健康领域应用力度。

（三）加强对脆弱群体和地区的保护

韧性卫生体系建设需要更多地关注贫困人群和弱势人群，包括老年人、患有其他严重疾病的人以及可能因为疫情而失去工作的人，要为所有这些群体提供有针对性的支持。对于老年人而言，要加强疫苗接种，提高免疫力。对于可能因为无力负担或无法获得相关诊断和治疗服务而选择推迟诊疗的人群，尽可能降低诊断和治疗的费用，同时使测试和治疗更容易获得，开发新的方法来跟踪潜在感染者。对于患有其他疾病的人而言，恢复正常的医疗服务至关重要。

（四）加强国际卫生合作

合作建立并完善跨境疾病监测系统，推动跨境数据系统联动和资源共享，及时共享疾病监测和实验室数据分析，完善区域公共卫生安全预警机制。合作建立跨境应急防疫物资储备和调拨机制，建立疫苗等公共产品的公平公正分配机制，加快疫苗公共产品化进程。合作培养初级卫生保健、公共卫生和预防医学方面的人才，加强国际交流和实践教学，培养卫生应急管理方面的应用型人才。合作提升发展中国家本土医药研发和生产能力，加强医疗用品本土化生产供应，探索通过建立医疗用品产业园、生产研发合作、技术转让等方式，孵化和培育本土医药企业，推进医疗用品生产、仓储、销售、配送一体化发展，促进现代医药、冷链、物流等技术升级，实现医疗用品自给自足。此外，积极开展中医药等传统医药发展合作。

（五）协同推进健康和气候变化治理

加强卫生、环境、农业、气象和教育等部门之间以及不同流行地区之间的资源整合与合作，并在国家和地方层面制订适当的适应气候变化的健康计划，实现“将健康融入所有政策”的目标。构建具有气候适应性的卫生系统，利用气候预测技术建立传染病预警系统。气象部门和卫生部门加强合作，根据温度、降水、极端天气事件等气候条件如何影响传染病动态和流行病学特征的知识，确定与疫情风险相关的气候条件并预警。

执笔人：董丹丹

参考文献

[1] 重大疾病防控取得显著成效 [N]. 人民日报，2022-06-21.

[2] 轻型病例将实行集中隔离管理 [N]. 保健时报，2022-03-24.

[3]《新型冠状病毒肺炎诊疗方案（试行第九版）》修订要点 [J]. 中国医药，2022，17（04）：487.

[4] 陈芳，安蓓，白洁，等 . 同舟共济战“疫”记——中国抗击新冠肺炎疫情全纪实 [J]. 台声，2020（18）：16-33.

[5] 李和新 . 中国建成全球最大疾病和健康危险因素监测网络 [J]. 中国现代药物应用，2022，16（23）：195-196.

[6] 武市红，彭萍萍 . 从抗击新冠肺炎疫情斗争看我国制度优势 [J]. 党的文献，2020（06）：28-35.

[7] 段勇，段渝佳 . 百年大党全球抗疫中“大的样子”及当代启示 [J]. 江西理工大学学报，2021，42（02）：1-6.

[8] 何谦然，邓大松，李玉娇 . 中国公立医院改革历程的公共政策评估 [J]. 社会保障研究，2014（01）：3-13.

[9] 张岭，王何畏，李兰芳 . 面向新世纪的健康教育及其理论研究进展 [J]. 中国健康教育，2000（06）：19-23.

[10] 沈灵智，何寒青，李娜，等 . 突发公共卫生事件中公共服务现状的 SWOT 分析——以新冠肺炎疫情为例 [J]. 中国农村卫生事业管理，2021，41（10）：734-739.

制度创新试点历久弥新

——科技特派员制度实施25年实践

【摘　要】习近平总书记在庆祝改革开放40周年大会上的讲话中指出，创新是改革开放的生命[①]。改革开放以来，全国各地自下而上推动了诸多领域制度创新，起源于福建南平的科技特派员制度就是经过基层实践探索并推广形成的一项制度安排。2002年，时任福建省省长的习近平同志全面总结了以科技特派员为代表的创新农村工作机制的主要做法与成效，为全国层面推广科技特派员制度奠定了重要基础[②]。自2012年起，科技特派员工作被先后多次写入中央一号文件，多年来积累了大量推动人才下沉、科技下乡、服务"三农"的成功经验。2019年，习近平总书记对科技特派员制度推行20周年作出重要指示，强调要坚持把科技特派员制度作为科技创新人才服务乡村振兴的重要工作进一步抓实抓好[③]。科技特派员是我国人力资源组织调配方式重要制度创新，在不同发展阶段以不同形式演进，焕发出无限生机活力。农

① 《习近平在庆祝改革开放40周年大会上的讲话》，《人民日报》2018年12月19日。

② 习近平：《努力创新农村工作机制——福建省南平市向农村选派干部的调查与思考》，《求是》2002年第16期。

③ 《习近平对科技特派员制度推行20周年作出重要指示强调 坚持人才下沉科技下乡服务"三农" 用科技助力脱贫攻坚和乡村振兴》，《人民日报》2019年10月22日。

业科技特派员制度开启了科教兴农的有益实践，科技特派员成为促进产学研合作的桥梁纽带。进入新时代，在农业科技特派员基础上衍生的“脱贫特派员”“乡村振兴特派员”，成为撬动企业力量推动农村减贫和数字化发展的催化剂。科技特派员制度在继承中不断创新发展，要不断完善科技特派员制度管理机制，积极探索适用行业和领域，持续优化供需关系，将其打造成为具有中国特色的制度性公共产品。

【关键词】科技特派员　人力资本　制度创新　“三农”工作

一、时代背景

科技特派员制度是发端于基层并推广形成的国家层面制度安排。20 世纪 90 年代末，我国社会主义市场经济体制不断发展完善，激发农业农村发展潜力的农村工作新机制呼之欲出。1999 年，福建省开创性实施科技特派员制度，突出以科技带动，鼓励大批干部、专业技术人员下沉农村基层一线。20 多年来，科技特派员制度坚持以服务“三农”为出发点和落脚点，以科技人才为主体、科技成果为纽带，在推动乡村振兴发展、助力打赢脱贫攻坚战中取得显著成效。党的十八大以来，约 29 万名科技特派员奔赴脱贫攻坚一线，他们穿梭山林、躬耕田野，实现对全国近 10 万个建档立卡贫困村的科技服务和创业带动全覆盖。一批批科技特派员入乡村、进田野，做给农民看、带着农民干、帮着农民赚，把科技致富的种子播撒在乡野沃土里，把论文写在祖国山川大地上，助力脱贫攻坚战取得全面胜利，为全面推进乡村振兴提供坚实人才支撑。

自2012年起，科技特派员制度先后11次被写入中央一号文件（见表5），提出一系列针对性举措和务实性要求，包括：加大对科技特派员下乡创业的信贷支持力度，发挥科技特派员队伍在科研成果转化中的作用，进一步发展壮大科技特派员队伍，更好发挥科技特派员产业帮扶作用，持续开展科技特派团选派，等等。2016年，国务院办公厅印发《关于深入推行科技特派员制度的若干意见》，首次在国家层面对科技特派员工作作出制度安排。2019年10月，科技特派员制度推行20周年总结会议在北京召开，会上传达了习近平总书记对科技特派员制度推行20周年作出的重要指示。科技特派员制度推行20年来，坚持人才下沉、科技下乡、服务“三农”，队伍不断壮大，成为党的“三农”政策的宣传队、农业科技的传播者、科技创新创业的领头羊、乡村脱贫致富的带头人，使广大农民有了更多获得感、幸福感。创新是乡村全面振兴的重要支撑。要坚持把科技特派员制度作为科技创新人才服务乡村振兴的重要工作进一步抓实抓好。①

科技特派员是我国人力资源组织调配方式重要的制度创新，有利于促进地区要素资源均衡发展。在全面建设社会主义现代化国家新征程上，共同富裕是社会主义的本质要求，也是人民群众的共同期盼。人力资本是促进共同富裕的重要依托，科技特派员是提升欠发达地区人力资本的重要途径，将在继承与创新中发挥更大的时代价值。

---

①《习近平对科技特派员制度推行20周年作出重要指示强调 坚持人才下沉科技下乡服务“三农” 用科技助力脱贫攻坚和乡村振兴》，《人民日报》2019年10月22日。

表 5 历年中央一号文件关于科技特派员的内容

序号	年份	文件名称	相关表述
1	2012	《中共中央 国务院关于加快推进农业科技创新持续增强农产品供给保障能力的若干意见》	提升农村金融服务水平。加大对科技型农村企业、科技特派员下乡创业的信贷支持力度，积极探索农业科技专利质押融资业务
2	2013	《中共中央 国务院关于加快发展现代农业 进一步增强农村发展活力的若干意见》	培育农业经营性服务组织。推进科技特派员农村科技创业行动
3	2014	《中共中央 国务院关于全面深化农村改革加快推进农业现代化的若干意见》	推进农业科技创新。推行科技特派员制度，发挥高校在农业科研和农技推广中的作用
4	2015	《中共中央 国务院关于加大改革创新力度加快农业现代化建设的若干意见》	强化农业科技创新驱动作用。充分发挥科研院所、高校及其新农村发展研究院、职业院校、科技特派员队伍在科研成果转化中的作用
5	2016	《中共中央 国务院关于落实发展新理念加快农业现代化 实现全面小康目标的若干意见》	强化现代农业科技创新推广体系建设。健全适应现代农业发展要求的农业科技推广体系，对基层农技推广公益性与经营性服务机构提供精准支持，引导高等学校、科研院所开展农技服务。推行科技特派员制度，鼓励支持科技特派员深入一线创新创业
6	2017	《中共中央 国务院关于深入推进农业供给侧结构性改革 加快培育农业农村发展新动能的若干意见》	强化农业科技推广。深入推行科技特派员制度，打造一批“星创天地”
7	2020	《中共中央 国务院关于抓好“三农”领域重点工作 确保如期实现全面小康的意见》	强化科技支撑作用。深入实施科技特派员制度，进一步发展壮大科技特派员队伍
8	2021	《中共中央 国务院关于全面推进乡村振兴 加快农业农村现代化的意见》	强化现代农业科技和物质装备支撑。深入开展乡村振兴科技支撑行动。支持高校为乡村振兴提供智力服务。加强农业科技社会化服务体系建设，深入推行科技特派员制度
9	2022	《中共中央 国务院关于做好 2022 年全面推进乡村振兴重点工作的意见》	加强乡村振兴人才队伍建设。发现和培养使用农业领域战略科学家。启动“神农英才”计划，加快培养科技领军人才、青年科技人才和高水平创新团队。深入推行科技特派员制度

续表

序号	年份	文件名称	相关表述
10	2023	《中共中央 国务院关于做好2023年全面推进乡村振兴重点工作的意见》	增强脱贫地区和脱贫群众内生发展动力。在国家乡村振兴重点帮扶县实施一批补短板促振兴重点项目，深入实施医疗、教育干部人才"组团式"帮扶，更好发挥驻村干部、科技特派员产业帮扶作用
11	2024	《中共中央 国务院关于学习运用"千村示范、万村整治"工程经验有力有效推进乡村全面振兴的意见》	加大对重点地区帮扶支持力度。持续开展医疗、教育干部人才"组团式"帮扶和科技特派团选派

资料来源：根据相关资料整理。

二、发展历程

从改革发端于农村之际，到工业化全面推进之时，再到全面推进脱贫攻坚与乡村振兴有效衔接，科技特派员制度在不同发展阶段以不同形式演进，焕发出无限生机活力。

（一）科技特派员制度开启科技兴农创新实践，为破解"三农"问题注入动力

1989年发布的《国务院关于依靠科技进步振兴农业 加强农业科技成果推广工作的决定》提出，要从根本上解决关系到国家兴衰的农业问题，科技兴农尤为重要。1998年，党的十五届三中全会通过的《中共中央关于农业和农村工作若干重大问题的决定》指出，农业的根本出路在科技。

社会主义市场经济体制下，如何形成一套适应农村市场经

济发展要求的农村工作新机制，成为开创农村工作新局面必须解决好的一个重大理论和实践问题。1998 年 10 月，时任福建省委副书记的习近平同志深入南平调研，问诊“三农”，给南平破解“三农”发展难题开出了“药方”，也由此播下了科技特派员的“种子”①。针对许多农民提出的由政府派出农技人员帮助他们依靠科技兴农致富的要求，福建省南平市委、市政府于 1999 年 2 月从市县两级涉农部门、农业科研院所以及部分乡镇农技站中，选派首批 225 名农业科技人员到 215 个行政村担任科技特派员。这些科技特派员主要是根据各村按农业产业发展需要提出对科技服务项目的需求来选派的，大多数科技特派员只负责一个村的工作，少数人根据产业和产品生产的需要，负责多个村、多个乡镇，甚至跨县（市、区）指导一个产业发展，任职时间一般为一年。

福建省南平市科技特派员制度实行三年多后，累计 1534 名科技特派员先后被派驻到 1200 多个村，分别占全市农业科技人员总数的 15% 和行政村总数的 75%。2002 年，时任福建省委副书记、福建省省长的习近平同志基于对南平市向农村选派干部工作的专题调研，全面总结了以科技特派员为代表的创新农村工作机制的主要做法与成效，在《求是》杂志发表题为《努力创新农村工作机制——福建省南平市向农村选派干部的调查与思考》的文章。习近平同志提炼的“高位嫁接、重心下移、夯实农村工作基础”的工作思路，以及选派村党支部书记、科技特派员、乡镇

---

①《总书记叮嘱“把论文写在田野大地上”》，《人民日报》2022 年 12 月 22 日。

流通助理的工作机制，成为当地发展的重要指南。[①] 此后，“南平机制”开始在福建推广，不仅进一步密切了农村干群关系，也取得了农村工作新成效。

（二）农业科技特派员制度实践自下而上推广开来，并在脱贫攻坚与乡村振兴中发挥重要作用

科技特派员制度的成功经验逐渐在全国推广开来，成为开展科技干部人员交流服务“三农”问题的一项有益探索。2002年，科技部总结福建南平实践经验，在宁夏等西北五省区开展科技特派员试点工作。2004年，科技部、人事部梳理了福建南平的科技特派员经验和宁夏的农村科技创业模式，出台《关于开展科技特派员基层创业行动试点工作的若干意见》，明确进一步扩大实施试点。2009年，科技部等八部门出台《关于深入开展科技特派员农村科技创业行动的意见》，决定在全国范围内启动科技特派员农村科技创业行动。

党的十八大以来，习近平总书记高度重视“三农”工作，多次对科技特派员制度作出重要指示[②]。2021年3月，习近平总书记在福建省武夷山市星村镇燕子窠生态茶园考察时指出，要很好总结科技特派员制度经验，继续加以完善、巩固、坚持[③]。要深入推

---

① 习近平:《努力创新农村工作机制——福建省南平市向农村选派干部的调查与思考》,《求是》2002年第16期。

②《习近平对科技特派员制度推行20周年作出重要指示强调 坚持人才下沉科技下乡服务“三农” 用科技助力脱贫攻坚和乡村振兴》,《人民日报》2019年10月22日。

③《习近平察看武夷山春茶长势：把茶文化、茶产业、茶科技这篇文章做好》，新华社，2021年3月23日。

进科技特派员制度，让广大科技特派员把论文写在田野大地上[①]。2021 年 4 月，习近平总书记在广西壮族自治区桂林市全州县才湾镇毛竹山村考察，看到当地蓬勃发展的葡萄产业，他感叹："我在福建时就抓科技特派员，现在全国都在推广。农业技术人员就是要下沉到农村基层来，就是去干具体的出实际成果的事情。"[②]

20 多年来，全国已选派科技特派员到农村创新创业 73.9 万人以上，覆盖全国 31 个省、自治区、直辖市和新疆生产建设兵团的 90% 的县（市、区），与农民形成利益共同体 5.14 万个，创立企业 1.59 万家，建立科技特派员服务站 1.6 万个，直接服务农户 1250 万户，年培训农民和创业者达到 3600 万人次，服务带动农民增收超过 6000 万人，创造经济价值达数亿元。科技特派员制度的诞生和推广深刻体现了党中央对"三农"工作的高度重视。实践证明，科技特派员制度对推动中国农业农村发展迈上新台阶起到重要作用。

（三）科技特派员制度应用领域逐步扩大，增强新时代科技驱动力

科技创新是驱动企业发展的生产力。2020 年，科技部办公厅发布《关于开展科技人员服务企业专项行动的通知》。此后，各地纷纷出台关于企业科技特派员的政策。江西省科技厅出台《科

① 《习近平在福建考察时强调 在服务和融入新发展格局上展现更大作为 奋力谱写全面建设社会主义现代化国家福建篇章》，《人民日报》2021 年 3 月 26 日。

② 《图文故事 | 习近平与老乡的故事》，新华社，2021 年 9 月 23 日。

技特派员“千百万”帮扶行动工作方案》，云南省科技厅制定《关于新时代深入推行科技特派员制度的实施意见》，天津市科技局、市教委制定《天津市企业科技特派员管理办法》。科研院所、事业单位选派科研院所技术骨干驻扎工业企业，成为促进产学研合作的桥梁纽带，让地方科研院所发挥更直接更有效的价值，更好服务地方企业尤其是民营企业发展。与此同时，一些平台头部企业积极响应国家脱贫攻坚和乡村振兴战略，不断探索“脱贫特派员”“乡村振兴特派员”模式，主要以阿里巴巴集团、京东集团等为代表。企业通过选派有经验和情怀的数字人才下乡，将数字化发展理念带到欠发达地区。科技特派员从欠发达县域的资源禀赋和发展薄弱环节出发，把企业数字化能力与乡村特色结合起来，通过制定“个性化”发展方案，主动链接各类资源，推动形成乡村振兴新路径。

20 多年来，科技特派员制度在继承和创新中不断发展，从起初的地方探索，逐步发展成为全国性制度，从聚焦农业农村发展扩展到促进工业发展，还借助数字技术红利助力乡村振兴。

三、主要做法

从带动区域发展的生产要素看，科技特派员制度为欠发达地区带来先进技术、人才、资金、思想，在助力先进技术推广应用的同时帮助发展洼地汇聚人才，以新技术撬动产业转型升级，甚至走出国门服务国际发展合作，为地区长期发展赋能增效。

（一）助力发展洼地汇聚人才

科技特派员深入农村基层一线开展科技服务，与农民建立“风险共担、利益共享”共同体，推动农村创新创业深入开展。根据相关政策安排，高校、科研院所、职业学校等事业单位对开展农村科技公益服务的科技特派员，在五年内实行保留原单位工资福利、岗位、编制和优先晋升职务职称等，其工作业绩被纳入科技人员考核体系。对深入农村开展科技创业的，在五年内保留其人事关系，与原单位其他在岗人员同等享有参加职称评审、岗位等级晋升等方面权利，期满后可根据本人意愿选择辞职创业或回原单位工作，为推行科技特派员制度提供组织保障。

专栏 1：企业科技特派员促进科技成果向企业转移

一直以来，高校、科研院所与企业联系不紧密的现象大量存在，导致科技资源市场化流通不畅，制约着科技成果转化。天津市在全面创新改革试验中，为了更好地促进高校科技成果转化，提高产业核心竞争力和区域创新能力，创新性地提出了在企业实施科技特派员制度的改革举措，启动了企业科技特派员工作。

企业科技特派员以满足企业需求为导向，致力于形成“专业到行业、项目到产品、论文到效益”的三个转化，在企业担当技术专家、行业专家、产品经理三种角色，搭建“学校和企业、专业和产业、教学和实践”三座桥梁。科技特派员服务派驻企业的时间一般为两年，派驻期间实行特派员所在高等院校、科研院所和入驻企业联合管理、各负其责的管理机制，工资、职务、职称晋升和岗位变动与所在高等院校在职人员同等对待。

企业科技特派员制度取得了积极成效。通过引入在校本科生、研究生及科研团队资源，参与企业研发和创新活动，帮助企业培养引进技术人才和管理人才数千名。科技特派员协助企业建设或联合共建科技创新机构、创新载体、创新平台。围绕企业的核心技术，完善优化企业研发结构的新技术方案，构建校企科技合作创新平台，帮助数百家企业建立了科技创新平台。

资料来源：《全面创新改革试验百佳案例之三十》，2018 年。

（二）以新技术撬动产业转型升级

来自数字企业的乡村特派员引进数字技术，通过不断培育电商人才，推动农村电商发展。掌握农业科技和数字技术的人才服务“三农”，在当地开展数字技能培训项目，持续对基层干部和村民传授数字技术知识，强化数字化发展思维，让村民有机会从田间走进直播间当起“带货主播”。在脱贫攻坚阶段，企业脱贫特派员挂职县扶贫工作领导小组副组长等领导职位，兼顾体制内外双重角色，向政府和企业汇报，但又不囿于传统条框。

来自数字企业的乡村特派员引进数字产业，带动本地就业和地区数字化转型。以电商为主要业务的数字企业探索出“客服县”合作促就业的新模式。该模式由地方政府提供拎包入住的基础设施，数字企业提供数字服务人才培养和工作机会，在县区建设客户体验中心，使小镇青年实现在家门口就业，进而把人才留在县域，缓解部分地区农村“空心化”现象，拉动数字经济发展。

专栏 2：从数字企业走进乡村的阿里巴巴特派员

2019年，阿里巴巴集团设立了一个特殊岗位——乡村特派员。他们是平均工龄10年以上的优秀员工，以全脱产的方式在欠发达地区长期驻扎，并根据当地的实际情况提供数字化解决方案。

阿里巴巴乡村特派员制度在互联网和农村之间搭建起一座桥梁，这些员工走进农村，从大厂职员转身当上了县里的“副县长”“县长助理”，推广农村电商、搭建物流基础设施、培育电商人才、打造特色产业，以星星之火为广袤的农村带去改变。从2019年起，阿里巴巴先后派出27位“乡村振兴特派员”和160位“乡村振兴技术官”扎根农村。特派员依托阿里巴巴的科技优势，尝试通过科技赋能产业和人才的方式推动县域发展，同时也通过培育产业和人才的方式孵化和推动科技进一步发展。

资料来源：阿里巴巴集团，《2022 环境、社会和治理报告》《2023 环境、社会和治理报告》。

（三）促进先进思想交流传播

企业家是新时代发展创新型经济、建设创新型国家和世界科技强国的重要力量，激发欠发达地区市场活力同样需要企业家精神。科技特派员为农村地区注入新活力，向当地传播先进发展理念，创造发展新机遇。科技特派员不仅传播技术，也将生态保护与可持续发展的理念带到欠发达地区。历史上，许多发展中国家和地区以牺牲环境作为经济发展的代价，形成了人口增长、贫困和环境退化之间的恶性循环，即“PPE 怪圈”，不利于可持续发展。科技特派员进村下乡，不仅为欠发达地区引进了先进的技术，也带来了可持续发展理念，避免了农村地区走“竭泽而渔”的发展道路，带动村民在保护生态环境的同时利用科学技术脱贫致富奔小康。

专栏 3：科技特派员为浙江引入先进发展理念

2003 年 4 月 24 日上午，习近平在种茶大户姜德明家召开座谈会，问大家还有哪些发展困难。有的村民说：“缺人才！”有的说：“缺资金！”还有的说：“缺技术！”“你们村有没有科技特派员？”习近平问。下姜村老支书姜银祥摇摇头。“省里研究一下，给你们村派一个科技特派员来。”习近平说，“目前的‘三农’工作面临农业生产经营方式落后和农产品流通方式落后的制约。我们要用现代发展理念指导农业，抓住当前科技进步的机遇，建立现代生产要素流向农业的机制，着力转变农业增长方式。”

浙江省中药研究所高级工程师俞旭平进驻下姜村。俞旭平在村里“待”了一个月，认为：“村里的低坑坞最适合种中药材黄栀子。”于是，以前只能长杂草、灌木的低坑坞种上了500亩黄栀子。2005年3月22日，习近平又一次来到下姜村，他来到地里，一边看黄栀子的长势，一边问俞旭平：“这个药材的品质如何？”“村民们学得难不难？”“销售情况好不好？”……知道每户农民通过药材种植，能收入4000多元后，习近平鼓励俞旭平：“做得好！你有功啊！”他对省里随行的同志说：“授之以鱼不如授之以渔。要不断完善特派员、指导员制度，真正做到重心下移。今后，驻村指导员，全省要做到每个村一个。”不久，驻村指导员走进了浙江的3万多个村庄。一个个乡村的蝶变，诠释了科技特派员为农村创新创业注入的深厚力量。

资料来源：《心无百姓莫为官——习近平同志帮扶下姜村纪实》，《人民日报》2017年12月28日。

专栏4：扎根太行山的全国优秀科技特派员李保国

全国优秀科技特派员李保国，生前是河北农业大学教授、博士生导师。他扎根深山30多年，把太行山区生态治理和群众脱贫奔小康作为毕生追求，每年深入基层200天以上，让140万亩荒山披绿，用科技力量带领10万农民甩掉了“穷帽子”。2016年4月10日，李保国因心脏病突发与世长辞，年仅58岁。李保国去世后被追授“全国优秀共产党员”“时代楷模”“全国优秀教师”等荣誉称号。

2016年，习近平总书记对李保国同志先进事迹作出重要批示，指出，李保国同志35年如一日，坚持全心全意为人民服务的宗旨，长期奋战在扶贫攻坚和科技创新第一线，把毕生精力投入到山区生态建设和科技富民事业之中，用自己的模范行动彰显了共产党员的优秀品格，事迹感人至深。李保国同志堪称新时期共产党人的楷模，知识分子的优秀代表，太行山上的新愚公。广大党员、干部和教育、科技工作者要学习李保国同志心系群众、扎实苦干、奋发作为、无私奉献的高尚精神，自觉为人民服务、为人民造福，努力做出无愧于时代的业绩。

资料来源:《习近平对李保国同志先进事迹作出重要批示》，新华社，2016年6月12日。

（四）“走出去”服务国际发展合作

近年来，云南、新疆、宁夏、广西等省（自治区）科技特派员和周边国家开展了一些合作。2014年，云南省科技厅首次认定了国际科技特派员，他们根据南亚、东南亚国家科技部门、科研单位、大学、企业的技术需求，积极开展技术转移、技术交流、技术培训等。国际科技特派员为孟加拉国、斯里兰卡、尼泊尔、老挝、缅甸等国家科研单位、企业、个人，解决了茶叶加工、农机、食品、水稻、玉米、蔬菜、花卉、水果、肥料等技术需求。

联合国开发计划署从中国的科技特派员制度中看到了希望，认为中国科技特派员制度为解决全球农村地区贫困提供了新的思路。联合国开发计划署成为第一个与中国科技部合作探索和推广科技特派员制度的国际组织，并把它作为联合国开发计划署的重点项目。2006 年，“中国农村科技扶贫创新和长效机制探索”项目（联合国开发计划署科技特派员项目）开始合作实施。联合国开发计划署多次表示，中国科技特派员制度的实践对于其他发展中国家有着重要的借鉴意义，希望其他发展中国家也能共享中国科技特派员制度的发展经验。

专栏 5：向国际传播菌草技术的科技特派员林占熺

2021 年 1 月热映的电视剧《山海情》中有位名叫凌一农的教授，他从福建来到宁夏教农民种蘑菇脱贫致富，他的原型就是福建农林大学教授、科技特派员林占熺。1997 年，林占熺团队带着六箱菌草，在宁夏十几个县建立菌草产业扶贫示范生产基地。食用菌成为当地产业扶贫的一大支柱产业。几十年过去，林占熺不仅把菌草技术带到了宁夏的闽宁镇，还让这株“致富草”“幸福草”推广至全国 500 多个县区，成千上万的农民增加了收入。

2021年11月19日，习近平总书记在第三次“一带一路”建设座谈会上，回忆起20多年前的一件往事：在福建工作期间，习近平同志接待了来访的巴布亚新几内亚东高地省省长拉法纳玛。“我向他介绍了菌草技术，这位省长一听很感兴趣。我就派《山海情》里的那个林占熺去了。”林占熺团队还将菌草技术传播至世界上100多个国家和地区。截至2019年底，林占熺团队已将菌草技术推广至世界106个国家，中国先后举办了270期菌草技术国际培训班，培训学员1万余名。

资料来源：《总书记提到的〈山海情〉原型林占熺，他是谁？》，人民网，2021年11月22日。

四、经验启示与思考

过去25年来，科技特派员制度在继承中不断创新，创造了巨大的社会价值。选派农业科技人员下乡，解决了农村基层科技力量不足、科技服务缺位的难题。选派科研院所技术骨干驻扎工业企业，成为促进产学研合作的桥梁纽带。选派数字企业人才挂职欠发达地区领导岗位，探索出以人力资本撬动社会资源助力欠发达地区发展新模式。站在新的更高起点上，应继续焕发科技特派员制度的生命力，有力促进实现全体人民共同富裕的现代化。

第一，不断完善科技特派员制度管理机制，努力提升科技特派员制度优势和治理效能。科技特派员制度之所以成为国家制度性安排，并在脱贫攻坚、乡村振兴等国家重大战略任务中展现出持久生命力，离不开习近平总书记当年的高瞻远瞩、系统谋划，让制度创新转变为地方发展的持续动能。要推动政府引导和市场激励相结合，吸引更多人才加入科技特派员队伍，实现科技人员“下得来”“上得去”。

第二，积极探索科技特派员适用行业领域，进一步挖掘科技特派员制度可复制性。紧紧围绕产业振兴、人才振兴、文化振兴、生态振兴、组织振兴，加强科技特派员制度创新，持续释放科技特派员制度强大动力。新时代，科技特派员制度必须突破农业技术局限，既要适应乡村振兴需要，也要进一步拓宽服务领域，根据需求将科技特派员工作由第一产业向第二、第三产业拓展，进而延伸到社会治理、城乡建设、公共服务等其他领域，逐步构建科技特派员全方位、全产业链服务新格局。

第三，持续优化科技特派员供需关系，鼓励人才来源多元化，激发新时代科技特派员制度活力。随着互联网技术的发展，基层信息传导条件更为便利，要围绕地方科技需求推动科技特派员精准选派。同时，也要给科技特派员“定心丸”，加强原单位保障和新机会供给。创新科技特派员激励机制和组织模式，推动形成“政府 + 社会 + 市场”多元化途径。

第四，将科技特派员打造成为具有中国特色的制度公共产品，为其他发展中国家积累人力资本提供有益参考。科技特派员制度体现了马克思主义执政党的人民立场，蕴含了全心全意为人民服务宗旨，是科技创新助力惠民、利民、富民的重要体现。要及时跟踪总结更多科技特派员典型人物和案例，宣传推广彰显中国制度优势的科技特派员经验做法，讲好中国科技特派员作为“新时期共产党人的楷模”的故事。

执笔人：刘常瑜

参考文献

[1] 习近平 . 努力创新农村工作机制——福建省南平市向农村选派干部的调查与思考 [J]. 求是，2002（16）：13–16.

[2] 车海刚，江宜航，杜悦英，等 .“科特派”再创新：为乡村振兴提供新的制度供给——福建政和的探索及其政策价值 [J]. 中国发展观察，2022（09）：99–104.

[3] 天津企业科特派 架起三座“创新桥”[N]. 科技日报，2019–09–03.

作风“小切口”推动发展大变革*

——中央八项规定实施十年的长效实践

【摘要】执政党的作风建设关系人心向背，关乎党的生死存亡和国家事业兴衰成败。中央八项规定是中国共产党一体推进“不敢腐、不能腐、不想腐”体制机制建设的重要手段，也是国家治理体系和治理能力现代化的助推器。2021年以来，党中央以中央八项规定为主要抓手，在全党范围内长期不懈纠正“四风”，经历了夯基筑台、细化举措、纠树并举等阶段。贯彻落实中央八项规定精神，必须抓住“关键少数”，发挥“头雁”示范带动作用；坚持“露头就打”，保持高压态势倒逼自我约束；紧盯“重要节点”，持之以恒开展正风肃纪督查；深挖“隐形变异”，坚持问题导向校正“指挥棒”；开展“精准画像”，推动大数据与制度协同并进。从长远看，持续推进中央八项规定精神落实，有利于塑造良好政治生态环境，进一步丰富和完善抓作风建设的长效机制；有利于推动经济高质量发展，对于优化财政支出结构、有效扩大消费需求、确保政令畅通具有积极促进作用；有利于构建亲清政商环境，

* 此案例部分内容已在《中国发展观察》2023年第2期刊发，原标题为《作风“小切口”推动发展大变革——中央八项规定实施十年的长效实践》。

切实转变党员领导干部行为方式和思维习惯，做到亲不逾规、清不疏远。

【关键词】中央八项规定　“四风”问题　政商关系　高质量发展

一、时代背景

中国共产党的作风是党的性质和宗旨的具体体现，也是党的先进性和纯洁性的重要标志。习近平总书记曾一针见血地指出，党的作风就是党的形象，关系人心向背，关系党的生死存亡，作风问题核心是党同人民群众的关系问题[①]。可以说，良好的作风是中国共产党永续执政、国家繁荣发展的重要保障，关系到中国特色社会主义事业的兴衰成败。2012 年 11 月，习近平同志在第十八届中央委员会第一次全体会议上当选中共中央总书记后首次与中外媒体见面时强调，新形势下，我们党面临着许多严峻挑战，党内存在着许多亟待解决的问题。尤其是一些党员干部中发生的贪污腐败、脱离群众、形式主义、官僚主义等问题，必须下大气力解决。[②]党内存在的“四风”问题等各类突出矛盾，制约着中国经济社会的进一步发展，已经到了非解决不可、不解决不

① 《习近平：坚持从严治党落实管党治党责任　把作风建设要求融入党的制度建设》，《人民日报》2014 年 7 月 1 日。

② 《习近平：人民对美好生活的向往就是我们的奋斗目标》，《人民日报》2012 年 11 月 16 日。

行的地步。在这种背景条件下，2012 年 12 月 4 日，新一届中央领导集体履新不到 20 天，习近平总书记就召开中央政治局会议，审议通过了《十八届中央政治局关于改进工作作风、密切联系群众的八项规定》，要求首先要从中央政治局做起，从小事抓起，从现实问题出发，以上率下。“八项规定既不是最高标准，更不是最终目的，只是我们改进作风的第一步，是我们作为共产党人应该做到的基本要求。”①

党的十八大以来，以习近平同志为核心的党中央深入推进全面从严治党，从研究制定和严格执行中央八项规定开局破题，从严禁公款送礼、公款吃喝、公款旅游等具体问题入手，十年如一日，一个问题接着一个问题解决，一个节点接着一个节点紧盯，有效地刹住了一些过去被认为不可能刹住的歪风邪气，成功攻克了一些司空见惯的顽瘴痼疾，带动了党风、政风、社风、民风的全面好转。中央八项规定的出台，成为改变中国政治生态和社会面貌的标志性举措，作风建设成为新时代全面从严治党的一张金色名片。

2022 年是中央八项规定出台的第十年。党的二十大报告强调，全党要坚持以严的基调强化正风肃纪，锲而不舍落实中央八项规定精神，持续深化纠治“四风”，重点纠治形式主义、官僚主义，坚决破除特权思想和特权行为。正如党中央反复强调的，中央八项规定不是只管五年、十年，而是长期有效的铁规矩、硬

---

① 中共中央文献研究室、中央党的群众路线教育实践活动领导小组办公室：《习近平关于党的群众路线教育实践活动论述摘编》，党建读物出版社、中央文献出版社，2014。

杠杠，必须永远吹冲锋号，把落实中央八项规定精神一抓到底。中央八项规定不仅是全面从严治党向纵深推进的切入口和动员令，也是推动国家治理体系和治理能力现代化的着力点和助推器。通过严格落实中央八项规定精神，中国共产党彰显了全心全意为人民服务的价值取向，厚植了大公无私、清正廉洁的政治本色，凝聚起了全党全国各族人民全面建设社会主义现代化国家的磅礴力量，为经济社会高质量发展提供了强大的政治保障。实践表明，持续整治“四风”问题，进一步加强和改进作风，必须坚持一切从实际出发，以永远在路上的韧劲推动落实中央八项规定精神，这有利于以良好党风带动政风社风民风、始终保持同人民群众血肉联系，永葆大公无私、清正廉洁的政治本色。

二、发展历程

中央八项规定作为中国共产党作风建设和反腐败斗争的重要抓手，在惩治贪污腐败和克服脱离群众、形式主义、官僚主义等问题方面起到了重要的威慑作用，也具有净化政治生态、强化社会监督、凝聚社会共识等多种政治功能。2012 年 12 月至今，中央八项规定已经实施超过十年，在广大党员干部和人民群众中以及国际社会上产生了强烈反响。中央八项规定及其实施细则伴随着反腐败斗争形势的深入发展而不断调适，统计指标体系、制度体系进一步优化，大致经历了以下几个阶段。

（一）夯基筑台

2012 年 12 月，十八届中央政治局会议审议通过并发布《十八届中央政治局关于改进工作作风、密切联系群众的八项规定》（以下简称《规定》）（见表 6），《规定》要求从四个方面建立起长效机制。一是因地制宜制定办法。要求各地区各部门严格遵照《规定》精神，结合工作实际情况，制定贯彻落实办法并狠抓落实，切实抓出成效。二是多种形式督促检查。要求各地区各部门要严格落实《规定》精神，每年年底要对执行情况开展专项检查，中央办公厅、国务院办公厅定期开展督促检查，并且要每年年底通报执行情况，并向中央政治局常委会议、中央政治局会议汇报执行情况，对违反《规定》精神的党员干部进行处理。三是常态管理。各级纪检监察机关要把监督落实《规定》精神作为改进党风政风的一项经常性工作来抓。四是经费审计。审计部门每年要对各地区各部门会议活动等经费使用情况进行审查。

表 6　中央八项规定的具体内容

序号	主要方面	具体内容
1	改进调查研究	中央政治局全体同志要改进调查研究，到基层调研要深入了解真实情况，总结经验、研究问题、解决困难、指导工作，向群众学习、向实践学习，多同群众座谈，多同干部谈心，多商量讨论，多解剖典型
2	精简会议活动	要精简会议活动，切实改进会风，严格控制以中央名义召开的各类全国性会议和举行的重大活动，不开泛泛部署工作和提要求的会，未经中央批准一律不出席各类剪彩、奠基活动和庆祝会、纪念会、表彰会、博览会、研讨会及各类论坛；提高会议实效，开短会、讲短话，力戒空话、套话
3	精简文件简报	要精简文件简报，切实改进文风，没有实质内容、可发可不发的文件、简报一律不发

续表

序号	主要方面	具体内容
4	规范出访活动	要规范出访活动，从外交工作大局需要出发合理安排出访活动，严格控制出访随行人员，严格按照规定乘坐交通工具，一般不安排中资机构、华侨华人、留学生代表等到机场迎送
5	改进警卫工作	要改进警卫工作，坚持有利于联系群众的原则，减少交通管制，一般情况下不得封路、不清场闭馆
6	改进新闻报道	要改进新闻报道，中央政治局同志出席会议和活动应根据工作需要、新闻价值、社会效果决定是否报道，进一步压缩报道的数量、字数、时长
7	严格文稿发表	要严格文稿发表，除中央统一安排外，个人不公开出版著作、讲话单行本，不发贺信、贺电，不题词、题字
8	厉行勤俭节约	要厉行勤俭节约，严格遵守廉洁从政有关规定，严格执行住房、车辆配备等有关工作和生活待遇的规定

资料来源：根据相关资料整理。

与党的十八大以前制定出台的相关党内法规相比，《规定》更多关注文风、会风、吃喝风等小问题，要求首先要从中央政治局做起，从小事抓起，从现实问题出发，并要求各地区各部门严格按照中央八项规定精神制定落实办法。《规定》出台后，全党开启了一场自上而下的改革，中央政治局带头抓作风建设，为全党树立了标杆、树立了榜样，切实发挥了中央带动地方、干部带动群众、党风带动政风民风的作用。根据相关统计，《规定》出台不到一个月，20 多个省份向社会公布了中央八项规定具体实施细则。《规定》出台一年，中央纪委、中央办公厅、国务院办公厅等出台了至少 14 部约束党政机关及其工作人员的制度规定，涵盖吃、住、行等各方面。此后，又重点聚焦“铺张浪费”等长期顽疾，相继出台《党政机关厉行节约反对浪费条例》《党政机关国内公务接待管理规定》《因公临时出国经费管理办法》等 10

余项实施细则。此外，自2013年8月起，中央纪委建立落实中央八项规定精神情况月报制度，要求31个省（区、市）和新疆生产建设兵团纪委每月报送有关数据，此后拓展到60个中央和国家机关单位。

（二）细化举措

2017年10月25日，当选新一届中共中央总书记的习近平同志在同中外记者见面时郑重宣告，我们将继续清除一切侵蚀党的健康肌体的病毒，大力营造风清气正的政治生态，以全党的强大正能量在全社会凝聚起推动中国发展进步的磅礴力量[①]。两天后，十九届中央政治局会议审议通过《中央政治局贯彻落实中央八项规定的实施细则》，着重对改进调查研究、精简会议活动、精简文件简报、规范出访活动、改进新闻报道、厉行勤俭节约等六个方面作了进一步规范、细化和完善，增强了指导性和可操作性。此后，围绕打折扣搞变通、喊口号装样子等新情况新问题，及时调整纠“四风”重点查处方向，加大监督执纪力度，全方位堵住可能存在的制度漏洞，逐步建立适应新形势新要求的长效机制，形成系统配套、相互衔接的党内法规制度体系[②]。

---

① 《习近平：新时代要有新气象更要有新作为中国人民生活一定会一年更比一年好》，《人民日报》2017年10月26日。

② 与中央八项规定相关的党内准则条例（含修订）包括：《中国共产党廉洁自律准则》《中国共产党纪律处分条例》《中国共产党问责条例》《中国共产党党内监督条例》《中国共产党巡视工作条例》等。

（三）纠树并举

2019 年，落实中央八项规定精神迈入第七个年头，党中央以坚如磐石的决心和毅力，持之以恒加强作风建设，刹住了一些过去被认为不可能刹住的歪风邪气，解决了一些长期想解决而没能解决的顽瘴痼疾，党风政风焕然一新。但必须清醒看到，不正之风依然树倒根存、土壤还在，仍然有人奢靡享乐积习未改，仍然有人在贯彻党中央决策部署时搞表面文章、形象工程。老问题、新表现交织并存，“四风”问题随时有反弹回潮、卷土重来的危险。怎样创新方式、升级打法，防止“路径依赖”，是各级纪检监察机关都必须思考和破解的课题。

纪检监察机关坚持纠“四风”和树新风并举，盯节点、抓具体、严执纪、挖隐形，从讲政治高度整治形式主义、官僚主义，大力整治领导干部利用名贵特产类特殊资源谋取私利等享乐主义、奢靡之风，倡导艰苦奋斗、勤俭节约风气，为决战决胜全面建成小康社会提供坚强作风保证。同时，中央纪委国家监委要求对贯彻党中央决策部署作选择、搞变通、打折扣的形式主义、官僚主义突出问题精准施治。对群众深恶痛绝的不良习气、不严不实做法，进行全面检视、靶向纠治，坚决防止其滋长蔓延、成风成势。要持续为基层松绑减负，保护干事创业积极性，树立崇尚实干、狠抓落实的鲜明导向。

在持续高压态势下，享乐主义、奢靡之风已有明显改观，形式主义、官僚主义成为当前存在的突出矛盾和问题。2018 年 9 月，《关于贯彻落实习近平总书记重要指示精神 集中整治形式主义、官僚主义的工作意见》将整治形式主义、官僚主义作为正风肃纪、纠治“四风”问题的首要任务、长期任务，在一定程度上表明以中央八项规定为主要抓手、风腐一体治理迈出了新步伐。与此同时，党中央把树新风摆在更加突出位置，规范领导干部配偶、子女及其配偶经商办企业行为，带头抵制“天价彩礼”“大操大办”等陈规陋习，助推全社会营造崇廉尚洁、风清气正的浓厚氛围。

三、主要做法

（一）抓住“关键少数”，发挥“头雁”示范带动作用

党员领导干部以身作则、以上示下，是党推动各项事业发展的强大武器，也是管党治党的宝贵经验。中央八项规定出台后，以习近平同志为核心的党中央率先垂范，在全党全国范围内形成巨大的“头雁效应”，各地区各部门党员领导干部严格落实中央八项规定精神，一级做给一级看、一级带着一级干，推动党风、政风、社风发生了根本变化。同时，通过不断完善体制机制建设，加大对“关键少数”特别是“一把手”的查处和监督力度。2021 年，《中共中央关于加强对“一把手”和领导班子监督的意见》正式出台，对“一把手”和领导班子落实中央八项规定及其实施细则精神提出了明确规定。党的十八大以来，全国共有 265 名中管干部因违反中央八项规定精神问题受到查

处[1]。随着中央八项规定精神不断落实，过去许多被认为不可能刹住的歪风邪气被有效遏制，一些大家习以为常的顽瘴痼疾得到有效治理。

（二）坚持“露头就打”，保持高压态势并倒逼自我约束

作风问题是长期形成的痼疾，很难在短期内消除。为了在全党全国范围内形成高压反腐态势，中央纪委于2013年8月先后在31个省（区、市）和新疆生产建设兵团、139个中央和国家机关、102个中央企业、15个中央金融企业建立了落实中央八项规定精神情况月报制度。截至2022年9月，中央纪委国家监委网站连续111个月公布月报数据。通过月报制度，中央能够全面掌握各地区各部门“四风”问题，并准确研判和改进作风中的执纪审查方式和力度。同时，通过纪检监察机关主要领导签字确认有关数据以及月报数据分析报告等相关制度设计，能够层层传导压力，督促纪检监察机关切实履行监督责任，扎实落实中央有关作风改进的决策部署，保持抓作风的强度不降、力度不减，从而有效形成正风肃纪“全国一盘棋”的整体格局。

（三）紧盯“重要节点”，持之以恒开展正风肃纪督查

节日假期是“四风”问题的易发期和高发期，也是作风建设成效的检验期。通过分析违反中央八项规定精神问题查处数据

① 数据截至2020年底。

发现，“五一”“十一”等节假日成为“四风”问题反弹的关键变量，其峰值大多在节日假期后 1~2 个月。中央纪委在重要节日或者关键节点专门印发通知并出台节日“禁令”，选取不同节点易发多发的典型问题进行曝光，提醒广大党员干部引以为戒，释放越往后对“四风”问题盯得越紧、执纪越严的强烈信号。各级纪检监察部门针对各地区各部门实际情况出台多项措施，党的十九大以来，各级纪检监察机关进一步完善节前教育提醒、通报曝光，节中监督检查、明察暗访，节后严查快处、督促整改的闭环管理机制，一个节点接着一个节点抓，持续推动节日风气和社会风气持续向好。

（四）深挖“隐形变异”，坚持问题导向校正“指挥棒”

为顺应工作实践发展，聚焦人民群众反映的突出问题，中央纪委国家监委充分发挥数据统计指标的“指挥棒”功能，在 2019 年 12 月第一次公开发布查处形式主义和官僚主义问题的具体数据，并将原统计指标中关于享乐主义、奢靡之风的九类问题调整为“违规收送名贵特产和礼品礼金”“违规吃喝”“违规操办婚丧喜庆”“违规发放津补贴或福利”等六类问题。调整数据统计指标，不仅是统计内容上的调整，而且结合实际回应纠治“四风”工作中出现的一些新情况新问题。数据统计指标的调整和优化，既让人民群众真切感觉到党风政风的变化，又充分展示了纪检监察机关持之以恒整治“四风”问题的必胜决心。

（五）开展“精准画像”，推动大数据与制度协同并进

面对“四风”问题新形势新任务新挑战，各级纪检监察机关综合运用大数据分析等多种方式，借助网络信息平台，将党员领导干部的人事档案、谈话函询、干部任免等情况进行电子归档并进行实时动态更新，对每位领导干部进行“精准画像”。与此同时，各级纪检监察机关借助监督执纪问责的信息管理系统，定期更新查处违反中央八项规定精神问题以及问责情况，并结合日常监督情况，审核是否存在“四风”等方面问题。

四、经验启示与思考

（一）塑造了良好的政治生态环境

党的十八大以来，党中央将作风建设摆在更加突出的位置，紧紧围绕群众身边不正之风和腐败问题，持之以恒纠“四风”、树新风。从落实中央八项规定精神“小切口”，到全面从严治党向纵深推进，以党风政风社会风气转变推动政治生态不断向好。2022年，国家统计局社情民意电话调查结果显示，对党中央带头贯彻中央八项规定精神情况“表示满意”、总体成效“表示肯定”的比例分别为98.2%、95.7%。

中央八项规定精神解决的是作风问题，但作风问题的本质是党性问题。中国共产党始终将民心视为最大的政治，坚决纠治

加重基层负担、漠视人民利益的“四风”问题。与以往相比，其深远意义在于从运动式整风向制度化构建、精准化治理转变，实现了坚持自我革命与“三不”一体推进的有机联动。但从长期来看，作风问题仍然具有顽固性和反复性，形成优良作风不可能一劳永逸，克服不良作风也不可能一蹴而就。营造良好政治生态与作风建设、纪律建设紧密相关，需要从监督执纪“四种形态”上筑牢制度根基，进一步丰富和完善抓作风建设的长效机制。

通常而言，对党员干部的监督是建立在“法律—纪律”综合运用基础之上，既坚持纪严于法、纪在法前，又坚持纪法贯通、相互衔接。《中国共产党问责条例》明确规定，中央八项规定精神不落实、作风建设流于形式是必须严肃问责的情形。通过不断加强纪律建设，推动执纪问责规范化制度化，进而持续巩固作风建设成果。可以说，“四种形态”是针对不同阶段违规违纪行为开展监督执纪的重要理论创新，也是紧盯“四风”顽疾推动关口前移、常态化监督的重要实践创新。通过发挥抓早抓小、防微杜渐的制度优势，让“红红脸、出出汗”成为常态，避免逐步走向第三、第四种形态，从而造成更大的政治生态破坏。

（二）推动了经济高质量发展

在经济由高速增长阶段转向高质量发展阶段过程中，落实中央八项规定精神对于优化财政支出结构、有效扩大优化消费需求、确保有效政令畅通具有积极促进作用，真正体现能够更好满足人民日益增长的美好生活需要的发展，而不是过去依靠公款吃喝的“畸形消费”、兴建楼堂馆所的“举债投资”、收受红包礼金的“隐性收益”。

从优化财政支出结构看，近年来，中央本级“三公”经费决算呈现逐年走低态势（见图4）。2021年，财政拨款支出合计26.81亿元（包括基本支出和项目支出安排的经费），其中，公务接待费0.76亿元、公务用车购置及运行费25.29亿元、因公出国（境）费0.76亿元，分别较2012年下降了94.6%、37.8%、96.1%[①]，这也是驰而不息落实中央八项规定精神的具体体现。与此同时，民生领域财政投入增长趋势明显。2021年中央决算报告

图4　中央本级“三公”经费决算情况

资料来源：根据历年中央决算报告整理。

① 2021年因公出国（境）费大幅减少与新冠疫情影响密切相关，部分因公出国（境）、外事接待任务未实施。2019年中央本级财政拨款支出为16亿元。

显示，中央本级支出继续负增长，节省的资金用于增强地方民生财力保障，兜牢兜实基层“三保”。教育、社会保障和就业、医疗卫生等重点领域支出不断上升，占国家财政支出比例分别为15.3%、13.7%、7.8%。

从扩大优化消费需求看，2021年，社会消费品零售总额达440823亿元，较2012年增长1.15倍。统计数据表明，落实中央八项规定精神对经济短期负面影响有限，主要是在2013年上半年，高端餐饮收入、高档烟酒价格出现了明显回落。通过开展名贵特产、“天价烟”、茅台酒专项整治，烟酒类零售额在2018—2019年出现大幅回落，较2012年下降了45.2%。此外，限额以上企业餐饮收入同比增长除受新冠疫情因素影响出现短暂较大波动外，总体保持稳定。然而，消费需求增速放缓并不是由落实中央八项规定精神造成的，公款吃喝、铺张浪费现象不但无法促进消费持续健康增长，还可能进一步扭曲消费市场，导致高档烟酒、稀有名贵食材价格虚高，也不利于人民群众改善消费需求，部分行业不景气是消除奢靡消费所必然经历的阵痛。长期来看，这与我国消费人群结构、消费意愿和习惯有关，要把扩大消费同改善人民生活品质结合起来，鼓励消费新模式新业态发展。

从确保政令畅通看，统计数据表明，在履职尽责、服务经济社会发展和生态环境保护方面不担当、不作为、乱作为、假作为，严重影响高质量发展。2021年共查处问题41005起，占查处的形式主义、官僚主义问题总数的81.3%，这些与贯彻新发展理念的要求相违背，必须高度警惕并加以整治。

（三）构建了亲清政商环境

政商“亲”“清”与否，日益成为衡量一个国家和地区保持经济活力、发展张力的关键变量。构建亲而有度、清而有为的亲清政商关系，首先要处理好领导干部与管理服务对象之间关系，切实转变党员领导干部行为方式和思维习惯，做到亲不逾规、清不疏远，建立健全党政领导与企业家面对面沟通平台。亲清政商环境是营商环境的重要组成部分。从某种意义上讲，良好的政商关系对于营造市场化法治化国际化营商环境关系重大，市场主体保护、政务服务、监管执法都与之密切相关。优化营商环境，关键是要把放权减权落到实处，对政府公共权力进行科学的规范限制，其中就包括放宽市场准入、前置审批改后置审批、审批改备案、证明事项设定等，把其背后可能涉及权力寻租的重点岗位，以及容易滋生腐败的办事环节作为关注重点。

坚持不懈整治群众身边的腐败和不正之风，紧盯政商交往中“亲而不清”“亲而不实”“亲疏有别”等与“四风”问题相关的新动向，制定出台政商交往正面、负面清单，不仅能更好规范领导干部廉洁从政、廉洁用权、廉洁修身、廉洁齐家，也能以风清气正的良好政商交往关系涵养公正公平的营商环境。要在持续深化“放管服”改革过程中推动落实中央八项规定精神，始终保持中央八项规定精神就是带电的“高压线”的震慑，坚持纠“四风”与反腐败一体推进。

执笔人：胡登胜　王雅洁

参考文献

[1] 邱少波．“四室会审”精准“画像”[J]. 中国纪检监察，2021（23）：47.

[2] 2021年全国查处违反中央八项规定精神问题104223起[N]. 中国纪检监察报，2022–01–28.

[3] 龙海波．以“放管服”改革持续优化营商环境[J]. 晋阳学刊，2022（05）：26–32.

[4] 龙海波，胡登胜，王雅洁．作风“小切口”推动发展大变革——中央八项规定实施十年的长效实践[J]. 中国发展观察，2023（02）：124–128.

[5] 将好作风弘扬在新时代[N]. 中国纪检监察报，2021–03–23.

[6] 李健行．十八大以来加强党的作风建设的探索与经验[J]. 江南社会学院学报，2020，22（02）：9–13+4.

编写说明

在庆祝中国共产党成立100周年时，由中国国际发展知识中心策划出版的《解码中国之治：贯彻新发展理念实践案例精选2021》，入选人民出版社“迎接党的二十大重点读物”，获得社会各界一致好评，希望能够有更多鲜活生动案例深入阐释习近平新时代中国特色社会主义思想，让读者更好理解贯彻新发展理念必然要求构建新发展格局。

2022年6月，习近平主席在全球发展高层对话会上宣布，中国将搭建国际发展知识经验交流平台，成立全球发展促进中心，建立全球发展知识网络，开展治国理政经验交流[①]。这要求我们将新时代治国理政经验作为中国发展理论和发展实践的重要篇章，深入研究阐释改革开放以来特别是党的十八大以来取得历史性成就、发生历史性变革的中国发展经验。这一发展经验的背后，就是要把握好如何从“发展才是硬道理”到“把坚持高质量发展作为新时代的硬道理”的转型逻辑，通过“小切口”案例方式，有利于更好理解习近平新时代中国特色社会主义思想的历史

---

① 《习近平主持全球发展高层对话会并发表重要讲话》，《人民日报》2022年6月25日。

价值、理论价值和实践价值。

为此，中国国际发展知识中心持续开展贯彻新发展理念实践案例项目研究，本着“成熟一批推出一批”的原则，不定期结集出版。此次由中国国际发展知识中心编著的《解码中国之治：贯彻新发展理念实践案例精选（第2辑）》由9个案例组成，分别是：（1）数字化助力超大城市精细化管理；（2）从脱贫攻坚到乡村振兴看政策性金融创新；（3）新型集体经济促进农村共同富裕；（4）“一带一路”项目建设规则融入国际标准；（5）高水平开放下打造航运经济新高地；（6）积极探索食品行业推动碳中和新路径；（7）构建具有韧性的卫生体系；（8）制度创新试点历久弥新；（9）作风“小切口”推动发展大变革。这些案例是经过反复考虑、多方比选确定的，每篇案例报告都认真征求了有关方面意见，其中有5篇已在外部期刊公开发表。

参加本书撰写和修改工作的主要人员有：张瑾、龙海波、董丹丹、梁晓敏、李苍舒、刘常瑜、朱清逸、胡登胜、钟声、关宝珠（外部）、王雅洁（外部）。在编写过程中，中国国际发展知识中心研究组织处负责组织协调和审改工作，地方有关部门和企业在案例实地调研中给予了大力支持与帮助，在此一并表示感谢。

由于水平能力有限，书中难免有疏漏和不足之处，敬请广大读者提出宝贵意见。